Contes et légendes des châteaux de la Loire

Nicole Lazzarini

Contes et légendes des châteaux de la Loire

Editions OUEST-FRANCE

Remerciements

Que celles et ceux qui n'ont pas hésité à me transmettre, avec moult bienveillance, références et témoignages (propriétaires, musées, offices de tourisme, guides, associations…) se voient ici sincèrement remerciés. Leur aide m'a été particulièrement précieuse.

www.editionsouestfrance.fr

PRÉFACE

Les châteaux de la Loire, ces quelques mots résonnent comme une formule magique et évoquent aussitôt pour chaque Français – mais aussi pour des millions de touristes étrangers en provenance du monde entier qui se pressent chaque année à leurs portes – des demeures somptueuses : Chambord, Chenonceau, Amboise, Azay-le-Rideau, Cheverny, Chaumont-sur-Loire, Villandry, Valençay, Montsoreau, Blois, Langeais, Ussé…

Dans cette douce région, terre d'art de vivre et de gastronomie en bordure de Loire, fleuve royal classé par l'Unesco au patrimoine de l'humanité, on a dénombré plus de mille châteaux sis au cœur des villes ou posés sur un écrin de verdure en pleine nature, certains privés, les autres propriétés publiques, la plupart ouverts à la visite.

Et toutes ces demeures prestigieuses, qu'elles s'enracinent dans de lointaines origines médiévales ou qu'elles soient nées quelques siècles plus tard de la prédilection d'un passionné pour les arts ou bien encore de la volonté d'un notable local d'asseoir son pouvoir, ont délaissé leur vocation originelle de forteresse pour partager avec les amateurs enthousiastes et curieux ce goût du panache et du génie.

La mémoire collective de notre pays se souvient de ces résidences encore hantées par les fantômes des personnages célèbres qui les ont habitées ou y ont séjourné – Charles VII, Louis XI, les puissantes maisons d'Anjou et de Beauvau, Catherine de Médicis ou François Ier, Léonard de Vinci, Ronsard ou Rabelais, Perrault ou plus récemment Hergé, de ces palais, manoirs et relais de chasse connus bien au-delà de nos frontières, par leur architecture extraordinaire, leurs innombrables parcs et jardins, leurs précieux trésors artistiques.

Leur histoire quotidienne est si riche en hauts faits, en événements heureux ou tragiques, en rencontres officielles ou officieuses déterminantes qu'on en oublie souvent l'inépuisable creuset de contes et légendes qu'ils constituent.

C'est ce patrimoine imaginaire, profondément ancré dans le terroir, attachant parce que naïf et débordant d'émotion, que Nicole Lazzarini nous dévoile dans ces pages.

Un itinéraire original et mystérieux que l'on emprunte volontiers pour éprouver tour à tour peur, surprise, joie, tendresse ou pitié tout au long de cette découverte insolite à travers donjons, salons ou souterrains de plus d'une soixantaine de châteaux, et que je vous invite à suivre pour explorer enfin la face cachée de ces lieux de rêve, précieuses pépites qui resplendissent de tous leurs feux le long des berges du majestueux fleuve ligérien et de ses affluents.

Je suis également très touchée de préfacer cet ouvrage qui constitue un véritable lien entre l'Anjou, la Touraine et ma chère Lorraine qui ont en commun un si riche passé.

Minnie de Beauvau-Craon

À Christine,
Dont la lumière scintillante
S'en est allée rejoindre
Le pays des étoiles...

AVANT-PROPOS

Les châteaux de la Loire ! Ces quelques mots possèdent indéniablement un pouvoir évocateur puissant, pénétrant, polymorphe.

Aussitôt prononcés, ils appellent dans la corbeille des souvenirs une procession de personnages fondateurs, fiers mais familiers.

On a derechef rendez-vous avec celles et ceux qui ont écrit moult pages émouvantes, marquantes, de l'histoire du doux pays de France.

Sans la moindre crainte de l'anachronisme, se coudoient les figures bienveillantes du ministre Sully, tenant en sa dextre l'anse d'une marmite où mitonne une géline noire – la fameuse poule au pot –, cherchant dans son immense manoir la meilleure cachette où musser son trésor.

Emboîtant le pas à ce cher Gargantua, géant au rire sonore et gras, qui se précipite dans les caves peintes de Saumur pour se rincer la goulotte avec un de ces divins petits vins de Chinon.

Les guerriers cruels ne manquent pas à l'appel et... de nous effrayer tant ils semblent prêts à nous rattraper pour nous trucider d'un seul coup, d'un seul de leur glaive. Ils craignent sans doute d'être dépouillés de leurs biens qu'ils sont d'accord de défendre au péril de leur vie.

On chuchote qu'il n'était pas bon de susciter l'ire de Foulques Nerra. Le comte de Blois n'apprécie guère que l'on se mette en travers de son chemin. La moindre contrariété déchaîne les foudres de messire et une cascade de vengeances redoutables. Puis tourmenté par le remords, icelui se précipite en pèlerinage à Jérusalem pour obtenir le pardon de ses fautes.

On maniait le poignard ou le poison sans états d'âme, la dame de Monsoreau pourrait en témoigner !

Mais on croise itou des monarques débonnaires comme le bon roi René, ami des arts et des lettres, un souverain idéal. Dans cet insolite cortège, on côtoie Charles VII, Jeanne d'Arc, Gilles de Rais qui apparaît sous les traits de l'ignoble Barbe-Bleue.

Des souverains sanguinaires qui inspirent à leurs sujets des craintes justifiées. Louis XI semait la terreur en menaçant d'enfermer les rebelles ou les marauds ou quiconque lui tenait la dragée haute dans ses célèbres fillettes.

Se profile au loin la silhouette colossale de François Ier se retournant vers Charles Quint pour lui faire admirer son magnifique château de Chambord, lieu de tous les superlatifs, objet de toutes les fiertés, prouesse de tous les défis pour son illustre propriétaire.

Il tourne délibérément le dos à ces manants dont il est prudent de se méfier.

Heureusement, de sympathiques ecclésiastiques s'empressent de porter secours à leurs contemporains, chassant le diable, guérissant leurs petites misères.

Les saints saurochtones, à l'imitation de Liphard, s'appliquèrent à débarrasser la région des dragons qui pullulaient aux abords des marécages – incarnations des forces du mal –, qui infestaient les berges des cours d'eau ou les verdoyantes collines. On rapporte que saint Florent, lors d'une visite qu'il rendait à son ami Martin de Tours, pourfendit un monstre similaire qui vivait dans le coteau, près de Saumur.

Le château représente dans l'imaginaire collectif une construction solide, bâtie pour durer par-delà les siècles, une manière de bannière, destinée à démontrer sa richesse et sa force. Il est le symbole même de l'héritage patrimonial, transmis de génération en génération, et pour lequel on accepte de combattre ses pires ennemis.

Il cristallise ainsi nombre de valeurs et brille comme un phare dans l'obscurité nocturne des contes de fées.

Les châteaux abritent dans leurs interminables souterrains des fantômes – est-ce là que se cache la dame verte de Brissac ? – ou des activités suspectes – le seigneur de Brézé ne serait-il pas en train de fabriquer de la fausse monnaie ? Les méchants y fomentent des assassinats.

Derrière les hautes murailles et au plus profond des donjons, s'ourdissent des complots démoniaques On y retient prisonnières de jeunes et charmantes damoiselles, trop courtisées par des pages ou des chevaliers enamourés.

Que ces ouvrages d'art soient défensifs dans l'esprit médiéval – dignes héritiers des mottes féodales –, ou de plaisance, décorés de fenêtres à meneaux ouvragées, où tours et tourelles se font décoratives, ils jouent d'une influence incontestable, incommensurable.

On se prend à inventer et à inventorier des merveilles.

Les trésors amoncelés et dissimulés au creux des grottes ou dans les souterrains regorgent de bijoux, bagues, colliers ou broches d'or sertis de pierres précieuses, rubis, émeraudes ou saphirs, de coupes d'étain et de vermeil, de pièces d'argent…

Certaines forteresses se plaisent à accueillir les cours royales nomadisantes qui se rendent d'une seigneurie à l'autre et n'hésitent pas à transporter moult meubles et tapisseries et à s'entourer de nuées de serviteurs.

Que la fête commence ! Les longues tables couvertes de coupes opulentes, les gibiers à poil et à plume alignés devant les écuelles des seigneurs, les pétales de roses jonchant le sol, les trouvères et les jongleurs pour distraire leurs hôtes, les vesprées d'hiver. Des artistes renommés déploient des dons indicibles pour parer le décor des immenses salles d'apparat ou des boudoirs à la Pompadour. On se penche sur les inventions de Léonard au Clos-Lucé. On admire les peintres qui réalisent un chef-d'œuvre de plafond au Plessis-Bourré…

Pendant les belles journées d'automne, les belles dames du temps jadis brodent durant les interminables parties de chasse de leur époux : tous ces détails invitent à fantasier…

Parfois aussi à frissonner !

On dit que le fantôme de Thibaut de Champagne, comte de Blois, Chartres et Tours, hante nuitamment le château blésois où il livre un duel éternel à l'un de ses vassaux.

Celui de Beaumont-sur-Loire, près d'Amboise, est habité pour sa part par le spectre du fameux Foulques Nerra, terrible comte d'Anjou, dont les nombreux pèlerinages à Jérusalem n'ont pas réussi à purifier l'âme noire.

La légende des trois dames blanches qui font une furtive apparition le jour de Noël, à minuit, s'insinue dans la motte, sise à l'emplacement de l'ancien château de Chalençois. Elles poussent des cris d'outre-tombe effrayants, déchirants, avant de s'évanouir dans un soupir, accompagnées par un mouton au bêlement épouvantable. Quel péché ont-elles commis pour se voir condamnées à revenir perpétuellement en ce pourpris ?

Sorcellerie et magie, incantations divinatoires n'ont pas épargné les rives riantes de la Loire. On sait les exactions commises par Gilles de Rais à Champtocé, les séances d'observation des astres organisées par Catherine de Médicis et son mage Cosme Ruggieri, les visites nocturnes que leur rendait Nostradamus dans le chastel de Chaumont-sur-Loire.

Au castel de Clisson, on raconte que chaque fois que l'on entaille un sapin, planté à l'endroit où des soldats républicains jetèrent des insurgés vendéens au fond d'un puits, des gouttes de sang perlent du bois.

On raconte aussi qu'une sombre gallinacée monte la garde près du manoir de Cordillier, à Ouzouer-sur-Trézée, et qu'elle apparaît aux fidèles durant la messe des Rameaux.

Dans ces châteaux, on se sent à l'abri des animaux dangereux. La nature est alliciante ains les forêts sont hantées par des monstres malfaisants, puants, tels le basilic – une énorme beste à l'haleine pestilentielle et qui tue les étrangers qu'il rencontre d'un seul regard –, le loup-garou.

Ces châteaux répartis le long du lit de la Loire et de ses affluents sont, comme l'écrivait Charles Péguy, autant de symboliques sanctuaires semés au fil de son parcours, ainsi que les reposoirs d'une Fête-Dieu d'antan.

La Loire indomptée déroule son ruban argenté et enchanté, offrant le miroitement de l'onde à ces camées ciselés comme un écrin incomparable.

Le fleuve aux origines mythiques, énorme reptile ondulant au creux d'une ancienne vallée creusée par un géant, est en proie aux esprits du mal et manifeste ses caprices lors de crues dévastatrices.

Nos ancêtres en appellent alors à saint Vrain pour les protéger. Ces émissaires du bon Dieu les délivrent également des serpents dangereux tapis dans des excavations obscures. À Meung-sur-Loire, Liphard et son brave disciple Urbice délivrent la contrée d'un de ces animaux rampants particulièrement effrayants. Quant à saint Mesmin, il terrassa un épouvantable dragon dans la grotte de Béraire.

Le diable doit être chassé qui veut nuire au bien des habitants, détruisant leur travail et le fruit de leurs efforts. Ou bien il exige un tribut en échange de son aide. C'est ainsi qu'à Beaugency, il ourdit force manœuvres pour se rendre maître du pont enjambant la rivière.

Sur les flots, les navigations miraculeuses sont légion, notamment lorsqu'elles aident à la translation de reliques. Celle de la dépouille de sainte Félicule fit grand bruit, entraînant de violentes querelles entre les seigneurs de Saint-Brisson et de Gien. Ce dernier eut d'ailleurs raison de son adversaire et ladite sainte devint la patronne de la ville.

La tradition relate que les restes de saint Benoît, entreposés à Orléans durant les invasions sarrasines pour raison de sécurité, remontèrent ensuite les eaux à contre-courant, sur une embarcation sans voile ni rames, pour rejoindre l'abbaye de Fleury.

Admirable et somptueux livre d'images grandeur nature et grandeur culture que les enfants rêvent de parcourir depuis leur plus jeune âge, où ils souhaitent retrouver la trace de leurs héroïnes et héros tout droit sortis des illustrations de leurs manuels scolaires.

Région riante aux collines peignées de vignobles coquets, de l'art du bon vivre et de la bonne chère, que l'on a souvent qualifiée de potager et de verger de la France.

Pas seulement le jardin, mais son grenier et son chai également. Martin n'est pas innocent dans cette histoire de la viticulture puisque chacun sait que son âne est à l'origine de l'amélioration des techniques de taille de la vigne, qui brouta goulûment les ceps à portée de dents en attendant patiemment son maître…

Décidément la légende est partout entre Touraine, Anjou et Poitou !

LA LOIRE
UNE NAISSANCE MYTHIQUE

Depuis des lustres, on raconte aux petites Tourangelles et aux petits Tourangeaux, qui usent leur jupe plissée ou leur fond de culotte sur les bancs de l'école et sont férus de mythologie gréco-romaine – les aventures d'Ulysse les passionnent et leur donnent envie de faire de beaux voyages –, que le fleuve qui traverse majestueusement leur région n'est pas un banal filet d'eau, un maigrelet ruisselet en amont, que la distance parcourue aurait enflé, gonflé, boursouflé... né d'une source suintant subrepticement entre trois cailloux, trois graviers, trois galets.

Bien au contraire, sa naissance gémellaire relève de l'extraordinaire !

Car, à l'origine, la Loire ne faisait qu'une avec sa sœur si similaire, la Seine. Toutes deux coulaient vers un même destin, vers l'Île-de-France, vers l'estuaire de la Manche.

Leurs rives tuméfiées gardaient profondément ancrée l'empreinte de leur virulent passage quand elles avaient arraché, d'une seule poignée violente, des alluvions à leurs flancs nonchalants. De ces boues capturées par le caprice des captieuses jumelles, transportées à grand renfort de bouillons et de tourbillons du Massif central au Bassin parisien, les trous se voyaient comblés, remblayés, effacés.

Pourtant, malgré le cordon charnel et le berceau commun qui les liaient, les deux demoiselles ne partageaient ni les mêmes inclinations, ni les mêmes aspirations. De différences en divergences, le duo sombra bientôt dans l'incompréhension la plus totale.

Tandis que la Seine, reine et sereine, dessine peu ou prou courbes, méandres et lacets, paressant paisiblement parmi les prairies prasines, la Loire, loin d'être impotente, ains impatiente et impertinente, détale et dévale le dédale des pentes où creuser son lit.

Primesautière, elle privilégie les privautés et, frondeuse, recherche frénétiquement à se frayer une fringante traversée.

Elle ne souhaite pas s'enliser dans un cheminement par trop tranquille. Elle a le goût du risque et ne tarde pas à chercher querelle à sa sage et sinueuse siamoise qu'elle ne supporte plus. Elle souhaite sincèrement se séparer d'elle.

La situation devient intolérable. Il n'est pas possible de différer davantage. Il faut agir, trouver une solution. Porter le différend devant Jupiter. Le roi du Panthéon, conscient de la gravité du litige et de l'urgence à statuer, mandate Mercure, médecin des dieux, pour trouver rapidement un remède aux rancunes, aux rancœurs accumulées, exacerbées.

Le messager divin convoque aussitôt un conseil qui conclut à la nécessité impérieuse d'une intervention, et ce dans les meilleurs délais.

Tranchecôte est donc désigné pour effectuer la sensible besogne, lequel s'empresse de procéder à l'opération de scission des deux plaignantes.

La Seine s'écoule silencieusement vers la Manche, flânant au long des berges verdoyantes. Ondulante et hésitante, insouciante, elle se plaît à musarder et à admirer la nature environnante, les habitants occupés à leurs différentes tâches.

Quant à la Loire, elle bifurque vers le ponant, Orléans et Serrant.

Elle se glisse en rampant dans l'ancienne couche d'un géant, abandonnée par son occupant resté longtemps endormi, dans son lit, tapi en son abri, mais dérangé, agacé, harcelé par des crabes envahissants, aux pinces hargneuses, à la carapace rugueuse et venimeuse… un ogre poussé à se gratter, à se tortiller, à se vautrer, en raison des démangeaisons, au plus profond des fonds sableux, et à évider, à tailler, à graver une manière de tanière, de gouttière, comme un moulage en creux de sa corpulente carrure.

Les flots tumultueux de l'espiègle fleuve ligérien s'engouffrent avec ivresse dans cette voie royale toute tracée.

Des demi-déesses dévouées, déliées et délicates – ses sémillantes et séduisantes filleules, Cher, Indre et Vienne –, lui font cortège avant de lui offrir en partage et bel équipage le corsage de leurs eaux et de se fondre dans ses remous.

L'altière rivière sa bannière souhaite planter. Turo, neveu d'Hercule, prévenant, lui prête volontiers son concours, labourant le sol des socs de sa charrue. Il charroie les boues, les sédiments, les cailloux arrachés grâce au puissant instrument aratoire, mis à disposition par Jupiter.

Le sillon souterrain, surgi des entrailles de la Touraine, fouaillées par le bon héros, se voit aussitôt envahi par le conquérant courant vers le couchant.

Ainsi est né le Val de Loire dans la gloire de cette victoire, qui s'est inscrit en lettres d'ivoire, de moire et de boires, dans l'Histoire de France !

CHAMEROLLES
DES PARFUMS DE LÉGENDE

Le charmant château de Chamerolles semble être charnellement lié au légendaire. D'abord il dresse ses tours romantiques, depuis l'aube de la Renaissance, au cœur d'un pays d'étangs mystérieux.

Puis il doit ses plans de forteresse médiévale à son ancien propriétaire – dont la famille, d'ascendance noble, possédait déjà la maison forte primitive du village, datant du XIIe siècle –, qui s'appelait Jean Dulac et choisit de baptiser son fils Lancelot. Pas banal ce commensal !

L'homme a-t-il entendu narrer les récits du cycle d'Arthur par un quelconque trouvère, voyageant de manoir en chastel, lors d'un séjour chez un ami aristocrate, au cours d'une de ces soirées où ses hôtes aimaient à s'attarder autour d'une table bien garnie, débordant de venaisons odorantes, une coupe d'hydromel ou de cervoise à la main ?

Ils contemplaient alors les facéties d'un acrobate, les figures d'un magicien, les prouesses d'un jongleur. Ils saluaient d'applaudissements bruyants les joueurs de viole et les chanteurs à la voix aigrelette. Écoutaient avec attention les lais récités par quelque poète itinérant évoquant avec mélancolie sa jeunesse perdue, ses amours défuntes, ses voyages passés.

Durant ces longues veillées d'hiver les seigneurs racontaient, devant le foyer où crépitaient les billots, le lévrier endormi à leurs longues poulaines, lovés dans de profonds fauteuils brodés de tapisseries par leurs gentes dames, leurs exploits de guerre ou de vénerie.

Les chasseurs vantaient alors leurs chevauchées, leurs poursuites, leurs trophées, ne comptant plus les sangliers, les cerfs et les daims qu'ils avaient traqués, fauchés dans leur course et alignés tristement sur le sol pour un tableau d'honneur de veneur.

Jean Dulac avait peut-être détenu dans sa bibliothèque un manuscrit aux enluminures précieuses et illustrant, de miniatures colorées, les aventures des chevaliers de la Table ronde…

Toujours est-il que, fasciné par ces preux héros, il prénomma son héritier Lancelot, en référence au descendant du roi Ban de Bénoïc et de la reine Hélène, enlevé et élevé par la fée Viviane, en son domaine du Lac, dans la forêt enchantée de Brocéliande.

Et comme le gentilhomme avait bénéficié d'une remarquable promotion sociale pour services rendus au royaume – il guerroyait encore en Italie à trois fois vingt printemps – et d'une section, d'une séparation en deux parties du patronyme, et d'une particule.

Cette modification s'est accompagnée d'améliorations apportées à l'architecture de la bâtisse et de son superbe châtelet défensif.

Mais le lien à la légende ne s'arrête pas là, loin s'en faut. Il est rétabli quelques siècles plus tard lorsque l'actuel propriétaire des lieux décide, à la fin des années 1980, de réaménager les jardins Renaissance consignés sur les plans de jadis.

À l'époque, ces espaces étaient souvent consacrés à la plantation de fleurs et d'arbustes rares, exotiques, dans un esprit tourné davantage vers l'accumulation, et donc la présentation, l'ostentation. En un mot l'exposition dans un souci plus botanique qu'esthétique !

Les amateurs s'ingéniaient alors à se procurer des variétés qui exalteraient leur fierté et exhaleraient leur fragrance. Les plantes étaient ainsi recherchées pour la beauté ou l'originalité de leurs corolles ou de leur feuillage. Elles séduisaient les amateurs avertis qui étaient prêts à les faire venir de contrées lointaines, à grands frais.

Ils les affectionnaient autant que des œuvres d'art, se passionnaient pour leur histoire, collectionnaient leurs différentes variétés. Ils rivalisaient d'astuce, d'audace, d'érudition. Leurs courtils étaient des cabinets de curiosité à ciel ouvert qu'ils faisaient visiter à leurs proches ou aux curieux, avec une satisfaction non dissimulée.

Parmi ces princesses des massifs et des plates-bandes, il en était une, née en Inde, et cultivée au Moyen-Orient, ainsi que dans tout le bassin méditerranéen, symbole de séduction et de tentation.

L'admirable, l'irrésistible, l'inoubliable Cléopâtre, fort préoccupée de l'éclat de sa peau, prenait des bains de lait d'ânesse, ingrédient qu'elle mélangeait à de l'albâtre pour confectionner des pommades à vertu éclaircissante. Elle y ajoutait parfois des cervelles de tortues ou d'autres éléments plutôt étranges, comme le voulait la tradition dans l'Égypte ancienne.

La légende rapporte que cette femme de pouvoir fascinante se porta à la rencontre de Marc Antoine, ointe de jasmin qui, divin magicien, leur destin changea. Comment ne pas se laisser ensorceler par les effluves enivrants, entêtants, envoûtants de ces innombrables étoiles d'ivoire.

On savait que le sort du monde aurait été modifié sans le nez de Cléopâtre, pouvait-on deviner qu'il était également suspendu au choix de son parfum !

On peut supposer qu'il l'aurait été bien davantage si l'élégante ne s'était pas frotté l'oreille et le poignet d'extrait de cette fleur emblématique des méandres amoureux.

Quelques générations plus tard, le pouvoir magique du parfum a une nouvelle fois opéré un prodige universellement reconnu.

Chacun sait la glorieuse renommée du revigorant romarin. Dans la seconde moitié du XIVe siècle, la reine Élisabeth de Hongrie reçut, de la part d'un monastère chagriné de la voir incommodée par des douleurs insupportables, dues à la goutte et à une immobilisation forcée, un élixir de jouvence, en réalité une macération dans l'alcool – de l'esprit de vin – de fleurettes de cette plante méditerranéenne.

Le remède fut souverain. La reine retrouva avec joie et bonne humeur sa vitalité d'antan. On relate qu'à cette époque, Louis Ier le Grand régnait sur ce pays. Icelui rêvait de rattacher à son royaume la Pologne. Mais il se refusait à employer la manière forte pour parvenir à ses fins et soumettre ce territoire. Il invita donc son jeune monarque à lui rendre visite à Buda.

On raconte que le chef de cette nation tomba sous le charme de la vieille dame, et surtout de son eau florale, ce qui ne retire absolument rien au rayonnement de cette septuagénaire très respectable, allant jusqu'à demander sa main…

Dès lors, l'eau de Hongrie connut un vif succès dans toutes les cours d'Europe. Cette préparation à base de jasmin, lavande, cirse et ambre, et d'autres composants tenus secrets, fut d'ailleurs reformulée par un célèbre nez et le parfumeur grassois Fragonard la commercialise maishui encore.

Dans ce château de Chamerolles voué à l'atmosphère du parfum sont présentées des séries de flacons de grandes marques, symboles des meilleures créations olfactives de tous les temps.

Parmi ces merveilles de verre et de cristal soufflé, taillé, moulé, il en est une qui a connu une histoire exceptionnelle.

Une invention d'un parfumeur réputé, qui excella au service du tsar de toutes les Russies, et que la non moins illustre Coco Chanel sollicita pour qu'il lui propose un produit propre à incarner la classe de sa maison de couture.

Nul n'ignore le talent de cette novatrice qui a lancé les pantalons au féminin, les escarpins bicolores, les faux bijoux, les cheveux courts.

Indépendante, charmante, fascinante. Énigmatique, pathétique, énergique. Une personnalité qui marque, qui frappe, qu'on ne peut pas oublier.

C'est en 1921 que la couturière décida de se tourner vers l'univers des odeurs. Elle ne se doutait certainement pas, à cet instant précis, que cette première tentative se solderait par un tel succès.

Un succès immédiat et retentissant qui ne se démentit jamais, pour cette essence de légende au nom surprenant. Une formule réunissant quatre-vingts composants, élaborée par Ernest Beaux, et choisie parmi la dizaine d'échantillons qu'il avait concoctés : ylang-ylang des Comores, néroli, jasmin de Grasse, rose de mai, vanille, iris, santal...

Gabrielle Chanel opta pour un concentré qui contrastait avec les contenus habituels des éprouvcttcs, généralement des valeurs monoflorales.

Elle désigne la cinquième fiole qui portera l'appellation simple et singulière de N° 5. Par superstition, il sera porté sur les fonts baptismaux le cinquième jour de mai, cinquième mois de l'année, lors de la présentation de sa collection de robes.

L'idée lui réussit, la chance fut au rendez-vous. C'est ainsi que la fragrance est entrée dans la légende. Cette bouteille, au dessin sobre et classique, délivre un bouquet élégant, étonnant, éblouissant. Une légende tenace circule sur le caractère unique, inimitable de cette inégalable eau de senteur, expliquant la surdose d'aldéhydes par une erreur de pesée, imputable à une laborantine.

En fait, les spécialistes voient plutôt dans ce résultat l'injonction de Coco Chanel faite au parfumeur d'innover absolument, totalement. Elle souhaitait un jus impossible à imiter, premièrement en raison du coût des ingrédients, puis de leur rareté liée à leur extrême qualité. Ce procédé le poussa à bousculer et équilibrer ses mélanges, augmentant le dosage de ces fameux aldéhydes, essai inédit... innovation, révolution qui contribua à alimenter la thèse toujours séduisante de l'erreur.

Le mythique résultat, fondé sur l'ylang-ylang et le jasmin en notes dominantes, assortis de rose de mai, d'iris, de néroli, s'étendant sur une note de fond interminable, infinie... reposant pour l'essentiel sur le vétiver, le musc, le santal et la vanille.

Une fragrance fréquemment copiée, indémodable, que l'on s'arrache sur toute la planète et que les plus belles femmes du monde ont rêvé d'incarner, de Candice Bergen à Nicole Kidman, sans oublier Catherine Deneuve ou Carole Bouquet.

Mais sa plus fidèle adepte lui procurera sans le vouloir sa meilleure réclame. Marilyn Monroe, lors d'une interview, à la question malicieuse sur ce qu'elle portait la nuit pour dormir, avoua simplement « quelques gouttes de N° 5 », déchaînant une passion irréfragable pour ce parfum de légende !

TOURS
UNE ÉVASION ROCAMBOLESQUE

Du château édifié par Henri Plantagenêt à la fin du XIIe siècle, subsiste une tour circulaire baptisée du nom de Guise et ce, depuis qu'elle fut le théâtre d'un événement éminemment rocambolesque.

Le roi Henri III, le fils que préférait Catherine de Médicis, après l'assassinat du duc et du cardinal de Guise, au sein du castel de Blois, en décembre 1588, fit enfermer le fils du Balafré au sommet de cette partie haute du château tourangeau.

L'homme était cloîtré, sous la garde spéciale de trente archers, depuis deux années et quelques mois, dans une pièce où il s'ennuyait, se désolait, se morfondait. Le pauvre prisonnier pestait et… échafaudait mille subterfuges pour échapper à la vigilance de ses geôliers.

Il inventait outrance de ruses qu'il abandonnait quelques instants après, sûr de ne pouvoir mener à bien ces tentatives. Et il savait plus que quiconque qu'il n'avait aucun droit à l'erreur.

Le moindre faux pas lui coûterait très cher. Aussi se réjouit-il lorsqu'il imagina un plan saugrenu, farfelu, biscornu et surtout… audacieux.

Avant de se lancer à corps perdu dans cette aventure, il peaufina son dessein déjà mûrement réfléchi. Puis il s'assura la complicité de proches. Il mit ainsi sa fidèle blanchisseuse dans la confidence. Icelle accepta sans regimber, bien au contraire, de lui prêter secours en lui livrant discrètement, dès le lendemain, une corde qu'elle dissimulerait sous un paquet de linge, au fond de sa corbeille.

L'évasion était prévue pour la fête de l'Assomption de cet an de grâce 1591. Ce matin-là, le captif assista à la messe en l'honneur de la Sainte Vierge, dans la chapelle castrale.

Pendant toute la durée de l'office, il ne cessa de dérouler, dans sa tête, les différentes étapes de son scénario, telles qu'il les avait patiemment imaginées des heures durant, en arpentant la salle où il était maintenu en détention.

Il écoutait le sermon du chapelain d'une oreille distraite. Les cantiques, psalmodiés avec entrain, ne savaient le distraire de ses préoccupations. Seul le cliquetis de chaîne émis par l'encensoir qu'un des officiants secouait vigoureusement et les nuages de brume embaumée qu'il dégageait parvinrent à attirer son attention.

Comme il aurait aimé subtiliser au chapelain son brûle-parfum et se mucher derrière les panaches de fumée aux exhalaisons orientales !

Il attendait avec impatience la fin de la messe. Il espérait que la bénédiction du prêtre lui apporterait la confiance et le courage dont il avait impérativement besoin avant de passer à la réalisation de son plan. Il se signa humblement en quittant l'oratoire.

Étrangement, son sang battait violemment dans ses tempes au moment de retrouver le monde libre…

Afin de créer un climat de détente propice au succès de sa manœuvre, sa machination, sa manipulation, le détenu devisa avec ses archers, sur un ton faussement badin. Les braves n'y virent que du feu et plaisantèrent à l'envi. Chacun se piquait d'un bon mot, d'une saillie originale, d'un trait d'humour brillant, pétillant, hilarant.

La petite troupe se dirigeait derechef vers le donjon, la bonne humeur vrillée au cœur. Arrivés au pied de la tour, les soldats se virent défiés par leur otage, qui les invita sans sourciller à monter l'escalier à cloche-pied.

Il leur paria qu'il parviendrait le premier en haut. Et le jeune duc, au tournant de la vis, de s'élancer aussitôt à l'assaut des étages et de grimper les degrés quatre par quatre !

Et aux hommes d'armes de lui emboîter le pas. Ce qui permit aux araignées pétrifiées au centre de leur toile, aux chauves-souris terrifiées au bruit métallique des armures secouées à chaque marche, aux chouettes réveillées en plein sommeil, après une chasse nocturne laborieuse, d'observer une étrange escorte sauter à qui mieux mieux, de palier en palier, dans un débordement de jurons, une débauche de rires, un déballage de cris et autres exclamations…

M. de Guise se précipite sur l'huis de son appartement qu'il verrouille sur-le-champ à double tour, en prenant la précaution d'en renforcer la fermeture avec force fers et barreaux.

Il se saisit promptement de la corde camouflée derrière un meuble par la lingère. Il la noue solidement à la fenêtre, avant de se laisser glisser le long de la muraille.

Mais – Ventre-saint-gris ! – la supercherie a été découverte. Pendant que ses serviteurs s'escriment à discuter avec la garde, l'alerte est donnée et des sentinelles, venues en renfort, tirent sur lui d'une embrasure proche.

Qu'à cela ne tienne ! Il est si heureux de recouvrer sa liberté de mouvement…

Il saute d'une quinzaine de pieds de haut avec une souplesse de chat, évitant de se briser les os ! Sans même prendre le temps de se retourner pour mesurer la distance qui le sépare de ses poursuivants, il court à toute hâte en direction du fleuve et atteint rapidement le faubourg de La Riche.

Il repère ensuite un cheval attaché devant une échoppe, à côté d'une voiture de boulange. Il s'empare du licou de l'animal qu'il enfourche dans la foulée et se rue, au grand galop, sur Saint-Avertin où doit l'attendre fiévreusement un groupe d'amis conspirateurs, qu'avec l'enthousiasme de la jeunesse, il est pressé de rejoindre.

La tradition rapporte que le bon roi Henri IV veilla au parfait déroulement de l'opération dont il appela de tous ses vœux la réussite, espérant que l'évadé se brouillerait avec son oncle Mayenne, et, avouons-le, semer la zizanie dans le camp de la Ligue n'était pas pour lui déplaire !

SAINT-AIGNAN
LES MIRACLES DE SAINT AIGNAN

Dans une contrée courbée sous les coteaux striés de vignobles sagement peignés, une paisible bourgade, couronnée par une collégiale et son clocher-porche, se voit épaulée par un massif château Renaissance à la façade longue.

Cette perle, lovée dans sa coquille de nacre et se reflétant dans les eaux miroitantes du Cher, a pour nom Saint-Aignan.

Mais d'où lui vient cette appellation désignant à la fois l'église et la forteresse ?

La tradition rapporte qu'au VIIe siècle, deux ermites en provenance de Saint-Martin-de-Tours et cheminant le long de la rivière, trouvèrent le site pittoresque et particulièrement propice à la construction d'une chapelle en l'honneur de saint Aignan.

L'évêque d'Orléans s'était rendu extrêmement populaire en défendant vaillamment sa ville contre les Huns, en juin 451, plusieurs semaines durant.

Cantonné sur les remparts, il avait exhorté ses fidèles à ne pas fuir la cité devant celui que l'on surnommait « le fléau de Dieu » et dont nul n'osait prononcer le nom, par pure superstition. Celui-là même qui avait totalement incendié Metz et détruit Reims.

La légende rapporte que, lors de ce siège par ces hordes d'assaillants, les troupes de secours du général romain Aetius n'arrivant pas à l'horizon, Aignan avait invoqué le ciel, en jetant du haut des murailles fortifiées une poignée de sable…

Chaque grain s'était métamorphosé sur-le-champ en guêpe et l'escadron d'aiguillons sauvageons avait fait détaler les barbares. Attila, affecté par cette résistance inopinée, avait alors préféré abandonner la partie et contourner la citadelle rebelle.

Au Moyen Âge, on racontait qu'Aignan était un vénérable thaumaturge qui officiait inlassablement pour soigner les malades venus des coins les plus reculés de la région. Ceux-ci avaient ouï dire que le brave homme accomplissait des miracles. On se chuchotait d'une oreille entendue :

« Allez consulter saint Teignan et vous serez aussitôt soulagé !

Menez votre enfant à Saint-Aignan et il sera débarrassé de ses boutons…

Croyez-moi, la sœur de ma femme connaît quelqu'un qui s'est rendu auprès de ce guérisseur et il est revenu tout content de son voyage… Sans aucune cicatrice, plus une seule trace de ce satané mal ! »

Le conseil devint, sinon dicton, du moins recommandation, puis prescription, enfin injonction. Partout on entendait proclamer : « Il faut aller à sainct Aignan pour votre teigne. »

Une étymologie approximative, voire fantaisiste, tout droit sortie de l'imagination des croyants, pèlerins et autres malades, prêtait ainsi une seconde vie à l'évêque d'Orléans.

Car nos deux anachorètes souhaitaient bel et bien dédier leur oratoire à l'habile héros haï des hordes de Huns hostiles, celui par qui Attila avait été intimidé et chassé. Quel exploit !

LES ROCHES-TRANCHELION
AU NOM DES FAUVES

Les ruines de la forteresse des Roches-Tranchelion témoignent vigoureusement de son ampleur et de son rayonnement passés.

Cet ancien siège d'un fief qui relevait de la fameuse châtellenie de l'Île-Bouchard s'est inscrit définitivement dans l'Histoire le 17 juillet 1449, jour où s'est tenue en ses murs une réunion d'importance capitale pour le sort de la France.

Charles VII, vingt ans auparavant, a vu débarquer une jeune bergère lorraine de Domrémy. Et chose étrange, l'inconnue qui ne l'avait jamais vu et dont il n'avait oncques ouï parler s'était dirigée vers lui sans la moindre hésitation, reconnaissant immédiatement son roi.

Depuis cette entrevue mémorable à Chinon, le souverain a considérablement changé. Il a pris de l'assurance et conclu une trêve avec l'ennemi héréditaire que Jeanne souhaitait bouter hors du pays.

Il espère même davantage. Il a beaucoup œuvré pour son armée, l'a non seulement organisée mais aussi gratifiée d'un arsenal d'artillerie.

Il entend se servir de cette entité pour entériner son avantage.

Il a convoqué dans ce lieu sis près de Crissay – entre Indre et Vienne – les grands du royaume, princes de sang, dignitaires, fonctionnaires, seigneurs, pour décider de l'avenir.

On convient de reprendre les armes contre l'adversaire qui régulièrement n'hésite pas à commettre des exactions, des usurpations, des violations.

La situation est insupportable. Il est impératif de réagir.

Dunois est désigné pour partir à la reconquête de la Normandie et le connétable de Richemont mènera la campagne en Bretagne. Rapidement des villes normandes vont être reprises par les Français. La bataille de Formigny signera la fin de cette réappropriation en avril 1450, mettant fin à la guerre de Cent Ans.

L'assemblée tint ses promesses. Peut-être l'humble gardienne de moutons désignée par le Tout-Puissant avait-elle veillé sur cette rencontre solennelle officielle et inspiré ces hommes en tenue d'apparat, vestes garnies de fourrures précieuses, robes de drap brodé, armures rutilantes, coiffures agouantes.

Sans doute Jeanne d'Arc souriait-elle d'apercevoir celui qui n'était encore que le dauphin à son arrivée dans le Chinonais, vêtu de son habit de cérémonie et coiffé de son chaperon de castor orné d'un diamant éblouissant, officier dans la salle d'honneur de ce château de Roches-Tranchelion au nom énigmatique légendaire.

Il serait dû, raconte-t-on, à messire des Roches, qui aurait rapporté de son expédition en Terre sainte un lion enfermé depuis dans un souterrain de la bâtisse.

La tradition ajoute qu'il aurait nourri l'animal affamé en lui jetant en pâture les serfs qu'il désirait châtier. Rassasiée peu ou prou, la bête guette impatiemment sa pitance. Jusqu'au jour où l'une de ses nouvelles victimes brandit une hachette cachée sous sa tunique et lui fend la tête de part en part.

Une autre version privilégie un geste de bravoure du seigneur local. Au diable la veillaquerie ! L'homme n'est pas vérécond, loin s'en faut. Vaillant, il ose, il pose un acte viril. Il montre sa force et son courage en coupant en deux le chef du fauve enragé.

Enfin, une dernière histoire nous entraîne vers une sombre question de jalousie. Le chevalier de céans, parti pour la Croisade, s'étant brillamment distingué dans la lutte contre les infidèles, apprit à son retour au château que sa jeune, jolie et joviale épouse, lasse de l'attendre, s'était consolée dans les bras d'un beau damoiseau. Le mari fou furieux fit appel – comme sa religion le lui conseillait – au jugement de Dieu.

Ainsi pria-t-il son valet de conduire l'écuyer, armé seulement d'une épée, dans le tunnel troglodyte où se tapissait l'énorme spécimen du roi des félins. La justice du Seigneur se montra particulièrement indulgente envers le gentilhomme, lui attribuant une victoire éclatante. Icelui prit pour nouveau nom Tranchelion, en commémoration de cette prouesse, et il ajouta sur son blason une gueule léonine, la gorge taillée par une lame acérée !

CHÂTEAUDUN
LE MONSTRE AILÉ

Fièrement campé sur la crête du coteau dominant la rivière, le castel de Jean Dunois toise la ville de Châteaudun de ses puissantes, de ses imposantes, de ses impressionnantes murailles.

Le courageux compagnon de campagne de Jeanne d'Arc reçut cette forteresse en hommage et en gage de son implication dans la libération de son frère, Charles d'Orléans, retenu prisonnier par les Anglais.

Si l'immense résidence n'a pas cessé de bénéficier de maintes reconstructions, transformations et améliorations au cours de la marche des siècles, son illustre guerroyeur de propriétaire lui avait déjà conféré moult fastes.

Si l'on en croit leurs récits, les voyageurs du temps passé ont éprouvé une vive émotion en contemplant le colossal édifice qui suscitait l'admiration par son donjon magistral, ses superbes façades, ses escaliers majestueux, sa galerie suspendue de crénelage sur mâchicoulis, ses vastes salles, ses moult chapelles, ses couloirs interminables, ses gigantesques cuisines, ses multiples geôles…

Ils se pâmaient devant l'ordonnancement d'un pavillon, en forme de loggia, d'une grâce savoureuse et d'une ornementation soignée, du plus bel effet, par ses fenêtres en anse de panier et ses tourelles encorbellées, annonçant le style Renaissance.

Les promeneurs s'exclamaient devant un ravissant décrochement de l'escalier d'honneur, à panneaux délicatement sculptés, dont les niches à dais ajourés forçaient l'enthousiasme.

« On m'avait déjà amplement vanté l'exquis portique gothique de l'entrée. Ains cette vis est une vraie merveille ! » clamait un viateur transporté.

Ils imaginaient sans peine le quotidien des occupants de cette demeure aux dimensions démesurées.

La visite des cachots leur rappelait les impitoyables conditions de détention des captifs d'autrefois. Un jugement hâtif, voire expéditif, pouvait conduire un pauvre bougre, quelque peu aviné, à séjourner des années entières entre quatre murs humides et froids, pour expier sa faute.

Ils étaient émus à la découverte des témoignages de cette vie confinée, et curieux de décrypter les inscriptions que les reclus avaient voulu graver dans la pierre pour l'éternité en un dernier geste, ultime message avant l'issue macabre.

L'un d'entre eux avait inscrit sa révolte d'une punition disproportionnée par rapport au délit commis.

Quant à la sainte chapelle, splendide architecture de la seconde moitié du XVe siècle, d'une ornementation exquise, elle narrait aux passants la légende du sauvetage de la fillette du comte de Dunois, dont la chute aurait été mortelle, selon toute vraisemblance, sans l'intervention prodigieuse d'un énorme monstre ailé qui se précipita à son secours et l'arracha à une fin cruelle.

Ceux-ci, fascinés, se représentaient alors quelle fête éblouissante avait été organisée pour célébrer ce miracle.

Ils voyaient défiler, sous leurs yeux écarquillés, une escouade de marmitons et autres serviteurs, portant de longs plats d'argent armoriés, chargés de victuailles, de venaisons et salaisons, de gibiers marinés, d'oiseaux sauvages ou de basse-cour, dont le paon, mets de choix, noble et particulièrement estimé.

On le servait rôti – farci d'épices et de plantes aromatiques – et on le présentait entier, garni de ses plumes et de son aigrette, la queue étalée en éventail.

Ils voyaient en esprit l'écuyer-tranchant faire son office... Les convives avalaient de longues rasades d'hydromel ou d'eau parfumée, à la rose ou à la violette, en écoutant les mélodies tourbillonnantes des vielles et violons. Avant de se régaler de blanc-manger garni de fruits confits.

Les invités de ce plantureux banquet se réjouissaient que la petite damoiselle ait eu la vie sauve et ne songeaient qu'à la combler de compliments, de serments et de présents.

L'héroïne involontaire de la journée, sans trop comprendre sa bonne fortune, riait aux éclats et ne pensait qu'à sortir jouer dans la cour avec ses chiens.

Elle voulait absolument imiter ces deux jongleurs qu'elle avait observés au début du repas, et qui rivalisaient d'adresse, et n'avait qu'une seule idée en tête, quitter la table en catimini, le plus tôt possible.

Puis elle rêvait d'emprunter le labyrinthe des couloirs, passages et souterrains de la bâtisse, afin d'échapper à la surveillance de ses parents et de sa vieille nourrice.

C'est de cette primesautière et princière manière que les réceptions, données en son logis par le bâtard d'Orléans, réunissaient, pour de précieux moments de convivialité, ses amis ravis de l'hospitalité du maître des lieux.

LOCHES
LES MYSTÈRES D'AGNÈS SOREL

Fille de Jean Sorel, seigneur de Coudun, et de Catherine de Maignelais, châtelaine de Verneuil-en-Bourbonnais, Agnès est peut-être née en Touraine, à Fromenteau, ou à Coudun, en Picardie.

La question fait discussion, dissension, dissertation. Le mystère s'insinue dans sa vie dès le berceau.

En 1443, la demoiselle de compagnie d'Isabelle, épouse du roi René, fait une entrée remarquée à la cour de Lorraine. On admire sa taille bien prise, sa chevelure mordorée, son front haut et bombé, ses yeux étirés en amande, son teint clair.

Sûre d'elle, la belle impose sa mode, explose d'impertinence. Elle arbore des robes aux décolletés vertigineux et aux traînes interminables, exhibe des chapeaux excentriques. Elle n'a cure des regards désapprobateurs, des sourires narquois, des commentaires acides.

Car le roi Charles VII n'a d'yeux que pour elle et la comble de cascades de cadeaux de prix, bijoux, fourrures, terres. Il lui offrira même, dit-on, le premier diamant taillé connu au monde !

En un mot, il est tombé sous le charme et ne semble pas vouloir s'en relever.

Il paraît ne pas être le seul dans cette disposition. La dame de beauté séduit également les artistes. Jean Fouquet la représente en Vierge à l'Enfant.

La « Dame de Beauté » étonne, émeut, ébranle...

Elle suscite d'obscurs sentiments d'envie, de jalousie, d'acrimonie. Elle est la cible de toutes les curiosités, la proie de toutes les critiques, mais aussi l'objet de tous les désirs. Pourtant elle ignore délibérément ces attitudes mesquines. Elle ne veut se préoccuper que de son bonheur, sa position sociale, ses relations privilégiées avec le souverain. Elle tisse sa toile, ténue, tendre, tenace.

Si elle dévoile volontiers son corps, elle reste pudique sur ses sentiments, ses rêves, ses ambitions.

Pourtant elle n'hésite pas à montrer son attachement pour le monarque. Le 9 février 1450, Agnès Sorel se rend auprès de son royal ami en Normandie. Celui-ci défend son trône et poursuit le siège de Rouen où sont retranchés ses ennemis héréditaires, séculaires, sanguinaires, les Anglais.

Charles VII est installé à l'abbaye de Jumièges, mais le père abbé, constatant la fragilité de la jeune femme – elle n'a pas trente ans et attend un quatrième enfant –, l'envoie se reposer dans un lieu plus doux, plus confortable, plus conforme à son état, à deux pas de là, au manoir de la Vigne.

Dès son arrivée, la future maman est prise de nausées et d'un flux de ventre. Elle se sent très mal. Elle souffre terriblement, elle a l'étrange prémonition qu'elle va passer. Malgré la douleur foudroyante, elle parvient à dicter les dispositions testamentaires qui lui tiennent à cœur.

Autour d'elle, un ballet de bonnes âmes tourne inlassablement pour lui apporter médecines, attention et réconfort. Cependant tous les thériaques n'en peuvent mais. Les pères se perdent en prières et liturgies, en vain. Dieu entend la rappeler à Lui. Elle s'éteint deux jours plus tard…

Ce décès si brutal surprend ses contemporains. Comment est-ce possible ? Une personnalité si affirmée, si combative, un caractère de fer, qui semble n'avoir offert aucune résistance à la maladie.

Pourquoi un destin si tôt brisé et aussi tragiquement ? Pour quelle raison la dame de Loches, toujours près du roi, s'est-elle éclipsée sans tirer sa révérence au bord de l'Indre ? Pourquoi a-t-elle abandonné celui qui ne pouvait se passer de sa présence dans sa chambre, à sa table, au sein de son conseil ?

Cette muse, à la suite de Jeanne la petite bergère de Domrémy, qui révéla à Charles VII sa légitimité, persuada le dauphin de se faire sacrer à Reims dans le logis du château de Loches, cette égérie qui, élevée au rang de princesse de sang, encouragea le titulaire du trône de France à la reconquête des terres de la couronne…

D'emblée, le peuple soupçonneux la croit victime de l'ire du futur Louis XI. On prête à l'héritier du monarque des intentions peu honnêtes, on pense même à un empoisonnement ! Éploré, Charles VII ordonne que le cœur de sa « Dame de Beauté » soit conservé à Jumièges, et que son corps soit enterré, selon les volontés de la défunte, à Loches. Il est placé dans un triple cercueil de chêne, de cèdre et de plomb.

Si le tombeau de Seine-Maritime connut une histoire assez sereine, celui de Loches, d'abord déposé dans le chœur de la collégiale Saint-Ours, pèlerina moult fois. Louis XVI souhaita son transfert dans la nef en 1777 afin qu'il ne gênât point le bon déroulement des offices religieux !

Sa dépouille est réduite, compressée, comprimée, compromise… dans un saloir à cochon…

Moins de deux décennies plus tard, la sépulture marmoréenne fut profanée par les Volontaires de l'Indre.

Ses restes sont directement enfouis dans la terre. Difficile d'entrevoir une digne conservation du cadavre dans ces conditions ! Le mystère, déjà fort dense au moment de sa disparition, s'épaissit de génération en génération.

Cependant, quelques années après les événements de la période révolutionnaire, on procède à une fouille du sol, afin de récupérer religieusement ces reliques, enfermées dans une petite urne funéraire de grès.

Rapatriée dans le cimetière du chapitre, puis dans le logis royal du château, la tombe migra ensuite dans une autre salle castrale, pour enfin regagner sa place initiale, la collégiale locale.

Quel itinéraire rocambolesque !

Heureusement, la mèche de cheveux d'Agnès, pieusement prélevée par précaution, lors de son inhumation et en guise de souvenir, ne rencontra pas les mêmes péripéties. Simplement, sa couleur semble avoir changé, viré, foncé au fil du temps, tout en demeurant naturelle.

Mais qu'en est-il donc de la rumeur persistante, qui a traversé les siècles, à propos de cette disparition énigmatique ?

Les toutes premières suspicions portèrent sur Jacques Cœur, ce grand argentier bourguignon, exécuteur testamentaire de la disparue, qui aurait pu être alléché – en raison de la santé chancelante de Charles VII, qui redoutait lui-même d'être éliminé par son propre fils, qu'il pensait tenté de régner à son tour – d'aider cet héritier haineux à parvenir à ses fins.

Ou bien encore de supprimer, à la place de ce dernier, l'encombrante maîtresse qui ensorcelait son père depuis de si nombreuses années.

Icelui ferait un coupable idéal, tant il détestait notoirement Agnès Sorel. Il a un mobile, mais il n'est pas présent, à ce moment-là, sur les lieux. Cet argument suffit-il à le disculper ? A-t-il embauché quelqu'un pour réaliser cette basse besogne en son nom ? Peut-être Robert Poitevin médecin assassin… dans le rôle du serviteur zélé, du sbire, de l'exécuteur des sinistres méfaits. Jusqu'au forfait suprême !

Toutes ces hypothèses rôdant autour de l'auteur d'un meurtre sont sans doute vraisemblables. Mais a-t-on réellement supprimé la « Dame de Beauté » ?

La question fait toujours débat, voire sensation, de nos jours, et d'aucuns ont voulu interroger des laboratoires scientifiques afin de connaître le fin mot de l'histoire.

Le savant interrogé n'a pas trouvé trace d'arsenic, poison d'un usage fréquent à l'époque…, mais de mercure. En quantité effroyable. Ce constat est-il suffisant pour accréditer la thèse de l'assassinat ?

On sait qu'au XVe siècle, ce métal était couramment employé comme médicament. Aurait-elle abusé de ce remède pour soulager les douleurs qui la tenaillaient depuis plusieurs jours, ou son apothicaire lui a-t-il délivré une ordonnance erronée ?

Pour résoudre cette énigme, il conviendrait de ne pas oublier les pratiques esthétiques du temps jadis et considérer qu'Agnès Sorel était une jeune femme particulièrement coquette.

Si certaines recettes de produits fabriqués maison ne présentaient sans doute aucun danger – c'est le cas du lait de melon qui mélangeait eau, lait et pulpe écrasée de ce fruit pour nettoyer le visage –, d'autres élaborées dans le secret telles les crèmes hydratantes ou désincrustantes ou bien encore rajeunissantes n'étaient pas aussi inoffensives.

Pour éclaircir le teint, on recommandait aux dames de haute lignée qui souhaitaient conserver cette pâleur affichant leur élégance – qui attestait leur condition aristocratique préservée dans les salons de leur château des affronts du soleil réservés aux paysannes – d'utiliser du jus de citron et des pelures de pêche.

Parfois les conseils qui circulaient sur les us anciens préconisaient des pommades à base de mercure, de sublimé, de précipité. On allait jusqu'à confectionner des cosmétiques à partir de plomb et de chaux vive dont on calmait les effets agressifs en appliquant sur ses joues des escalopes de veau crues, méthode fort prisée par Catherine de Médicis qui, rapporte-t-on, employait aussi de l'or !

Inutile de préciser les dégâts causés par de telles mixtures sur un épiderme fragile, constamment protégé des intempéries… Le dicton commande : « Il faut souffrir pour être belle », mais doit-on aller jusqu'à en mourir ? C'est probablement exagéré.

En tout cas, il paraît difficile, voire impossible, d'élucider le mystère de la disparition prématurée d'Agnès Sorel, à la lumière de ces coutumes…

CHEVERNY
UN MERVEILLEUX MODÈLE POUR MOULINSART

Décidément le charmant château de Cheverny semble avoir été placé depuis ses origines sous le signe de l'épopée !

Par son histoire d'abord...

Dans la bâtisse alors fortifiée, Henri Hurault, serviteur zélé d'Henri IV et gouverneur de Blois, d'un caractère ombrageux et jaloux, cloîtrait sa jeune et jolie épouse.

Passant le plus clair de son temps à la surveiller, il la surprit un beau jour en flagrant délit de trahison et sans surseoir supprima son rival d'un coup de dague vengeur. En outre, le mari outragé se débarrassa de son indigne moitié en une heure, lui laissant le choix, pour réparer l'affront, entre le poignard et le poison : poignant dilemme ! Qui suscita l'ire du roi Henri.

Puis par son décor. Les motifs mythologiques et métaphoriques prolifèrent sur les poutres et les parois du pourpris, illustrant par le détail les péripéties d'Ulysse, d'Hélène, d'Andromaque ou de Persée et, plus près de nous, celles de don Quichotte, héros sympathiques et emblématiques de la littérature antique ou classique.

Enfin, récemment, par sa représentation en bande dessinée due à un artiste contemporain éminemment célèbre. On raconte qu'Hergé, en villégiature dans la contrée, se promena sur la route menant de Contres à Cheverny.

De cette ancienne allée d'honneur de la demeure, il découvrit avec bonheur une vue privilégiée sur la façade centrale du bâtiment exclusivement, les pavillons d'angle restant dissimulés par les imposantes frondaisons des arbres voisins.

Il fut aussitôt sidéré par la beauté éclatante de ce site à la silhouette élégante, d'une symétrie rigoureuse, et irrémédiablement séduit par ce sémillant spectacle.

Le créateur de Tintin choisit ce château chic et étincelant sous le soleil du ponant pour cadre des aventures désopilantes de ses personnages. Et d'en faire bien davantage qu'un décor pour une cantatrice à la voix d'or et à la renommée en plein essor, le berceau des ancêtres du capitaine Haddock, mille sabords de mille sabords !

Les lecteurs avertis des *Bijoux de la Castafiore* n'auront pas manqué d'identifier l'escalier dont l'intrépide marin dégringole allègrement les marches, ceux du *Secret de La Licorne* et du *Trésor de Rackham le Rouge,* la salle d'armes du castel ligérien. Faudrait être un véritable scaphandrier d'eau de vaisselle pour s'y tromper !

CHAMBORD
LA CHASSE FANTASTIQUE
DE THIBAUT LE TRICHEUR

L'édifice, démesuré, délirant, dénommé « château des rois et roi des châteaux », a fasciné des générations de visiteurs par sa munificence, son originalité, son mystère... Ce dernier plane toujours sur l'identité de son dessinateur, de son concepteur, de son ingénieur, ingénieux inventeur d'un escalier malin, malicieux, magistral, chef-d'œuvre de la Renaissance française. En effet, cet escalier à double hélice, exceptionnel de grâce et d'ingéniosité, qui permet à deux personnes de monter et de descendre simultanément sans se croiser, donna naissance à bien des légendes, des fantasmes et fantaisies...

La recherche frénétique et la poursuite infatigable du gibier représentaient un des passe-temps favori de François Ier, aussi le souverain jeta-t-il son dévolu sur ce lopin de quelque 5 500 hectares afin de le consacrer à ses rendez-vous de chasse. Et d'autres rencontres beaucoup plus paisibles qui taquinaient néanmoins tout autant son tempérament de traqueur mais... ne soyons pas trop indiscret. On chuchote également qu'il a souhaité élever sur cette terre marécageuse quelque peu ingrate un tombeau, un temple à ses amours de jeunesse défuntes, la tendre histoire de ses dix-sept printemps.

Pourtant, la tradition colporte que François d'Angoulême, gendre, cousin et successeur de Louis XII, mort sans postérité, avait gravé sur la vitre de sa chambre, avec le diamant de sa bague, ce distique devenu légendaire :

« Souvent femme varie

Bien fol est qui s'y fie. »

On rapporte également que Louis XIV, traversant le bâtiment en compagnie de Marie Mancini, après lecture des deux vers, aurait brisé la glace… On dit aussi que les plans de Chambord furent peut-être dessinés par Léonard de Vinci qui travaillait notamment avec acharnement et dévouement sur une cité idéale pour Romorantin et pour son maître. Ou bien que ceux-ci se virent issus de l'imaginaire tentaculaire du souverain commanditaire soi-même !

François Ier était-il le véritable architecte de cette prouesse technique, urbanistique et esthétique ? En tous les cas, une chose est sûre, il souhaita éblouir ses invités, et Charles Quint put admirer à loisir, lors de son séjour ligérien en décembre 1539, nombre de splendeurs.

Pas moins de 440 pièces, 83 escaliers, 365 fenêtres et cheminées, 800 chapiteaux, un vrai record… qui fait perdre la tête aux experts incapables de s'entendre sur leurs nombres respectifs ! Parfois jusqu'à 1 800 ouvriers pour un colosse de tuffeau et d'ardoise, le domaine de tous les superlatifs, de tous les défis, de tous les rêves, la vigoureuse victoire de la virtuosité…

Sous prétexte de participer à la traque d'un puissant cerf dix cors, l'empereur d'Allemagne fut entraîné par son hôte dans une clairière qui portait vue sur la silhouette de ce superbe palais de conte de fées nimbé de brume. Un joyau d'ivoire finement ciselé, serti de jais et muché dans un écrin d'émeraude !

Il était bel et bien dans l'intention du vainqueur de Marignan d'arracher des cris d'admiration à son convive qui en resta bouche bée.

Encore ne savait-il pas que ce lieu humide, sis entre chênaie et marais, contraignit les bâtisseurs à l'utilisation de pilotis et mille autres subterfuges pour réaliser une telle merveille.

Pourquoi François Ier, à son retour d'Italie en 1519, jeta-t-il son dévolu sur l'emplacement d'un modeste manoir des comtes de Blois, réputé hanté par un chasseur noir maléfique ?

Dans le but d'élever une demeure à caractère exceptionnel qui resta inachevée à sa mort, presque trois décennies plus tard, et dans laquelle il avait passé une quarantaine de jours tout au plus pour certains, une soixantaine selon les autres !

Les vesprées d'hiver, les anciens du coin racontent aux oreilles curieuses que certaines nuits d'orages, au rythme régulier du cycle des saisons, quand la nature est bousculée par des bourrasques furibondes, bouleversée par le vent, la pluie, le tonnerre, un corpulent cortège de captifs corrompus, tristes sires entraînés et enchaînés pour l'éternité par le démon, secoue la contrée par un charivari infernal.

« Oyez bonnes gens ces bruits de course diabolique ! tonne une voix grave déchirant le ciel et dont l'écho résonne de loin en loin. Voyez ces fantômes sombres… »

Ces jours-là, chacun distingue alors une troupe furieuse s'élançant au triple galop, traversant tantôt les fourrés, tantôt les nuées. C'est la chasse du comte Thibaut et sa suite qui passe ! Cette cavalcade fantastique de réprouvés, chevauchant leur monture à une allure de démesure, dessine une ribambelle rebelle, aux hurlements stridents, accompagnée d'une meute de chiens hurlant, dont on entend les dents grincer, dont on aperçoit les yeux brillants, la gueule baveuse, les poils hérissés.

« Qui c'est ? demande un enfant tremblotant, terrorisé, le teint livide.

— Thibaut le Tricheur, répond l'aïeul, on l'a surnommé ainsi car ce seigneur qui vivait au Moyen Âge était cruel, menteur, ambitieux et employait des ruses abominables pour réussir à agrandir ses états de manière illégale, sauvage…

— Mais alors c'est son fantôme qui nous réveille ?

— Oui, ce veneur impénitent s'est égaré la veille de Noël 977… Il avait perdu son âme à cause de ses crimes, alors, comprends-tu, il est condamné à errer, punition perpétuelle pour ses péchés ! Il en a commis d'innombrables et le dernier lui fut fatal. Un dimanche matin qu'il arriva fort en retard à la messe, retenu comme à l'accoutumée par une battue ardue, cet individu bourru n'hésita pas à se faire bourreau. Il poignarda dans le dos le prêtre qui avait osé transgresser ses ordres et s'était permis de commencer l'office en son absence, le reléguant au rang de simple paroissien. Le sang du seigneur n'avait fait qu'un tour et, au beau milieu de la célébration de la liturgie, avait ainsi puni de sa main vengeresse, et sans même poser pied à terre, l'impudent… »

Les petits frémissent sur leur tabouret et n'osent plus dire un mot.

Peu à peu le calme et la sérénité reviennent et le spectacle des spectres s'efface pour faire place à une vision magique, celle du château majestueux aux terrasses et toitures hérissées de clochetons, de pignons et de lanternons ouvragés, émaillées de statues gracieuses, de tourelles coquettes et… d'animaux fabuleux.

CHÂTEAU DE LA BOURDAISIÈRE
UNE ODE À LA TOMATE

À Montlouis-sur-Loire, dans la vallée du Cher, se dresse un château bâti vers 1520 par Philibert Babou, grand argentier du roi François Ier. La belle Gabrielle d'Estrées, aimée de notre cher Henri IV, y est née.

Si la demeure est superbe, bien que remaniée au cours des siècles, l'ouche vouée aux légumes – du moins plus exactement à un fruit – est quant à elle remarquable.

Le conservatoire de la tomate présente en effet moult variétés – des centaines – de cette pomme gorgée de soleil, rouge d'effusion avoir été sacrée une des denrées préférées des Français parce qu'elle est accommodée à toutes les sauces quand elle s'étale langoureusement sur des pizzas, se love farcie au fond du four, se pavane et s'enduit d'huile d'olive au creux d'un saladier ou bien encore se cache dans un flacon de potion mi-sucrée mi-salée…

Et pourtant il n'en a pas toujours été ainsi, loin s'en faut. La diablesse a longtemps défrayé la chronique !

Cette grande voyageuse devant l'Éternel est originaire d'Amérique du Sud, des plaines andines du Pérou, raconte-t-on. Les Aztèques en développèrent la culture et la sélection dans la région de Veracruz, au Mexique, alors qu'elle n'était qu'une petite baie rouge. Ils l'appelèrent tomatl. La tomate a quitté cette terre sacrée pour être introduite en Europe par Christophe Colomb. Découvert par les conquistadors partis chercher de l'or, ce fruit, alors inconnu, intrigue infiniment les marins espagnols qui en rapportent au logis. Ce qui explique son introduction initiale dans la péninsule Ibérique.

Un siècle plus tard, les Français la considèrent comme une plante ornementale et s'en tiennent là. La malheureuse présente beaucoup de ressemblances avec la belladone et il n'en faut pas plus pour qu'on l'imagine toxique. D'inédite et insolite, elle devient, en un tour de main, interdite et proscrite.

Le destin est décidément dur quand il s'agit de se faire une place au soleil et au potager...

Pourtant elle a réussi à séduire les jardiniers de Séville assez facilement, elle a su s'introduire relativement rapidement en Italie, par les ports de Naples et de Gênes, et les Italiens se sont exclamés avec enthousiasme : « Ma ché bella cetté pommo d'orrro !!! »

Si elle s'inscrit donc prestement au palmarès des plantes nourricières dans ce pays, où elle est baptisée avec verve Pomme d'or, grâce à ses reflets dorés ; la partie fut nettement plus difficile à gagner au bord de la Loire. La suspicion se substitue là à la séduction. On se méfie. On médit. Son surnom est plutôt péjoratif.

Pomme folle, ainsi la désigne-t-on sur un ton méprisant, voire méfiant. On ne daigne d'ailleurs la planter qu'en pot. Vous pensez, le botaniste Pierandrea Mattioli la classe, en raison de ses cinq sépales pointus, dans la même famille que la mandragore, connue pour son utilisation dans la fabrication des philtres d'ensorcellement.

Et puis cette couleur rouge sang ne vous paraît-elle pas suspecte ? Elle joue les tentatrices mais on ne lui permet que les tonnelles et on la cantonne à éloigner les fourmis, moustiques et autres insectes indésirables. On décide que son usage sera limité aux sphères médicinale et ornementale. On lui interdit le garde-manger.

Ce parti pris scientifique lui portera préjudice pendant plus de deux cents ans !

C'est par la Provence qu'elle fait son entrée en France, en provenance des villes latines. Elle y reçoit un accueil enthousiaste. On la chouchoute, on la bichonne. Elle devient Pomme d'amour, la légende lui supposant des vertus aphrodisiaques.

C'est de manière inopinée que notre aliénée va profiter d'un événement survenu en 1790, pour accéder au statut envié et mérité de légume. Un groupe de Fédérés provençaux et languedociens montés à Paris réclame de la tomate pour accompagner la viande aux aubergistes de la capitale et lance ainsi une nouvelle mode. Les maraîchers commencent alors à en produire en masse pour répondre à cette demande.

Qu'à cela ne tienne, elle gagne la bataille et bat en brèche l'opinion défavorable de l'agronome Olivier de Serres.

Elle est comestible et cela se saura. Elle a pris désormais sa revanche…

Mais tout cela n'est que conte, l'histoire est racontée de plus raisonnable et raisonnée manière au sein de ce sanctuaire à la savoureuse solanacée dédié !

BAUGÉ
LE TRÉSOR DU DIABLE

C'est à Foulques Nerra que l'on doit la construction, à l'aube de l'an mil, d'un château défensif pour le protéger de ses ennemis particulièrement belliqueux.

Le comte de Blois, à la réputation sulfureuse, s'est arrêté dans les parages de ces paysages de bocage et a repéré cet éperon rocheux à l'abri des eaux du Couasnon et de l'Altrée qui l'enserraient.

Une nouvelle forteresse fut élevée entre le XIe et le XIVe siècle. Démolie durant la dévastatrice guerre de Cent Ans, elle est restaurée en 1430 par Yolande d'Aragon, avant d'être détruite, un lustre plus tard, par les Anglais.

À la disparition de sa mère, le roi René entreprend la reconstruction d'un château sur cet emplacement, une décennie durant, qu'il confie à Guillaume Robin.

Il lui demande une résidence de plaisance, il ne souhaite plus donner au bâtiment un rôle martial. Il va jusqu'à le considérer comme un relais de chasse.

Le souverain aimait particulièrement poursuivre le sanglier qui peuplait abondamment la forêt de Chandelais, d'où son nom, dérivé de la bauge, lieu de fange envahi par ce gibier que l'on désignait alors par le mot noir.

Le roi René affectionnait ses séjours à Baugé. C'était même un de ses lieux favoris de villégiature où il rassemblait à l'occasion de ses déplacements toute sa cour.

Son arrivée voyait défiler, débarquer, déambuler une procession des plus hétéroclites d'officiers, de chambellans, de grands maîtres d'hôtel, de secrétaires, de grands écuyers, de varlets d'écurie ou de maison, de médecins et de chirurgiens, de chapelains et de confesseurs, de fourriers, de panetiers, d'échansons...

Une invasion toute pacifique, bénéfique, sympathique qui animait les lieux d'un vent de fantaisie, de frénésie, de flatterie. Un chastel désormais livré à un destin plus serein. Une légende extravagante prétendait que la ville de Baugé étant fondée sur un volcan, qu'elle ne périrait que par le feu.

Une autre tradition affirmait qu'ayant reçu la visite de sainte Barbe, le monument bénéficiait d'une protection infaillible contre les conséquences désastreuses des tempêtes et du tonnerre.

On affirme d'ailleurs que la foudre ne s'est jamais abattue sur le château alors qu'elle avait frappé, lors d'orages mémorables, des sommets dominant les hauteurs environnantes.

La croyance populaire attribue à la patronne des mineurs et des pompiers ce miracle qui épargna l'édifice de la fureur du ciel.

Un autre prodige s'est opéré dans l'enceinte du logis. Depuis des âges immémoriaux était mussé dans les soubassements du domaine un fabuleux trésor. Il y a environ une centaine d'années, la porte souterraine livrant accès à cet exceptionnel amas de richesses fut dégagée par le plus grand des hasards. Ains impossible d'en franchir le seuil... une situation démoniaque !

Malheureusement, nul ne saura jamais quelles merveilles se cachaient derrière cet huis hostile et hermétique, car le diable montant une garde vigilante, menaçante, effrayante, en barrait et en barre toujours jalousement l'entrée.

Gare aux intrépides qui voudraient en forcer le passage, leur tentative osée et leur excès de bravoure pourraient bien se solder par un échec, voire une issue tragique !

VALENÇAY
LE DIABLE BOITEUX

Cette ravissante résidence retentit encore dans nos souvenirs des cris, des rires et des accents rauques ou chantants des illustres hôtes étrangers qui y ont été reçus, les grands de ce monde que Napoléon avait sommé Talleyrand de recevoir.

Mais, sur place, la visite éblouie de cette immense propriété, dont les appartements rivalisent d'élégance, d'harmonie, de somptuosité, laisse toutefois percer un bruit bizarre, répétitif, régulier.

Un son sourd et surprenant. Étonnant, étouffant, étrangement évocateur d'un déplacement effectué avec difficulté ou sous la contrainte, d'une démarche hésitante, claudicante. Une présence fuyante, fugitive, fugace, certes éloignée mais néanmoins sonore.

Car indéniablement, ce paradis est associé dans notre esprit à ce diplomate érudit, surnommé le diable boiteux en raison d'un accident – une chute – survenu pendant son enfance, ce qui lui interdit la carrière des armes.

Comment ne pas prêter foi à la légende vivace qui veut que Valençay soit vraisemblablement hanté par le fantôme de Talleyrand.

Comme si l'intrigant individu ne pouvait se résoudre à quitter ce cadre enchanteur. Une personnalité pétrie de contrastes, de contradictions, de contrariétés, virulente et virevoltante, n'ayant pas à proprement parler choisi d'embrasser la carrière ecclésiastique. Bien que la devise de la famille de Charles-Maurice de Talleyrand-Périgord soit « Rien que Dieu », en langue périgourdine « Re que Diou ».

L'un de ses ancêtres, évêque de Limoges et cardinal au XIVe siècle, joua un rôle significatif dans l'élection de quatre papes. Il compta itou un oncle archevêque de Reims, puis de Paris. Lui-même, évêque d'Autun, a renié ensuite l'Église, qui ne s'est pas gênée pour l'excommunier, puis s'est réconcilié de justesse avec le catholicisme et a été inhumé chrétiennement.

Il avait même émis le souhait d'être enterré dans la crypte de la chapelle des Sœurs de la Charité à Valençay.

Selon ses dernières volontés, les obsèques de Talleyrand se sont déroulées en grande pompe dans son village, face à son château bâti sur un coteau, enchâssé entre les forêts de Gâtine et de Garsenland.

D'ailleurs, le convoi funèbre fit, dit-on, le tour de la cour d'honneur de sa propriété, comme pour un ultime adieu, avant de gagner l'église pour la messe de funérailles.

La cérémonie s'est achevée par la translation de la dépouille de l'homme politique dans une voiture conduite par quatre chevaux drapés de noir. Gendarmes montés, pompiers brigadiers et tambours accompagnaient le cercueil, suivis des officiels et de la parenté, des personnes au service du trépassé ainsi qu'une foule d'anonymes.

À l'issue de la célébration, des salves de mousqueterie tirées par quelques compagnies, restées rangées dans la rue, ont salué, pour un suprême hommage, le prince défunt.

Enfin, on a distribué du pain aux pauvres de la paroisse comme aimait à le faire le maître des terres de Talleyrand.

On aurait pu supposer que le caractère énigmatique, antipathique et cynique du diplomate de Bonaparte écarte toute évocation de sa mémoire… et pourtant ! Talleyrand, prince de Sagan, acheta le domaine, avec l'aide de l'empereur, en 1803 et ne procéda qu'à des aménagements et des ajouts modestes, des améliorations certes, mais non de magistrales et monumentales métamorphoses.

Les écuries en rotonde, les orangeries et le théâtre sont des réalisations initiées par Charles-Maurice de Talleyrand-Périgord.

Parmi les propriétaires précédents, il y en eut de franchement audacieux, et la construction ne réclama pas moins de trois siècles pour faire déclarer à George Sand, célèbre écrivain, chantre du Berry, que ce lieu était « un des plus beaux de la terre et aucun roi ne possède un parc plus pittoresque ». C'est dire la splendeur du pourpris !

Le pavillon d'entrée édifié tel un donjon de plaisance, les tours d'angle coiffées de leur dôme à clocheton lui confèrent une ressemblance incontestable avec ses prestigieux voisins.

L'histoire a retenu la villégiature forcée d'invités venus de pays frontaliers, les dépenses somptuaires, les fêtes princières, les repas gastronomiques concoctés par Marie-Antoine Carême, le fameux chef de bouche de Talleyrand.

Au détriment des personnages de marque, tel le financier John Law, éclipsés par le possesseur de céans, au tempérament tantôt admirable, tantôt détestable, vénal jusqu'à la cupidité, mais généreux pour le peuple de Valençay, qu'il dota d'une maison de charité et de bienfaisance, pour lequel il contribua à améliorer les conditions de vie au quotidien.

Politique visionnaire mais comploteur impénitent, séducteur invétéré néanmoins sensible, un être qui ne peut se laisser oublier et qui, pour contraindre les visiteurs à le saluer, déchire délibérément par sa démarche le silence des murs. Un vrai fantôme…

CHINON
LA MALÉDICTION DE LA MARIE-JAVELLE

Cette forteresse farouchement fichée sur son éperon rocheux domine la Vienne, drapée dans sa dignité dédaigneuse. Dans un des trois châteaux, séparés par de profonds fossés taillés à même la pierre, qui la composent se dresse la tour de l'Horloge.

Depuis le XIVe siècle, vigilante, elle garde l'entrée de la partie centrale de ce site de sa silhouette singulière. Une tour curieuse, au contour colonne, plate… Mais intacte ! Elle semble avoir résisté par miracle aux outrages du temps, aux assauts de ses ennemis, aux complots des puissants.

Est-ce par hasard qu'elle a échappé aux malheurs des guerres de religion, de la Révolution et de l'Empire ? Que nenni !

La légende nous livre une bien surprenante version de ce prodige. Sa conservation en si bon état serait le fruit d'une superstition, d'une malédiction, en fait, dont voici l'explication.

La tour était surmontée d'un lanternon abritant une cloche, sur laquelle figurait en relief cette terrifiante inscription :

« Marie-Javelle je m'appelle
Celui qui m'a mis m'a bien mis
Celui qui m'ôtera
S'en repentira. »

Elle fut probablement épargnée par peur des représailles. Il faut avouer qu'une telle menace possède indéniablement un pouvoir dissuasif à nul autre pareil. Elle promet, davantage qu'une mise en garde, une vengeance par une vile engeance en suggérant bel et bien un monstrueux et mystérieux châtiment. Quel fol esprit aurait pris le risque de couler la belle demoiselle sentinelle pour quelques livres d'un métal somme toute relativement peu précieux !

Baptisée peut-être du nom d'une habitante du coteau voisin ou plus vraisemblablement du patronyme d'un gouverneur de ce beffroi, la campane fondue en 1399 par un anonyme, en un étrange mélange de bronze et d'argent, rythma l'existence des Chinonais. Elle scandait aussi, d'un son cristallin, les événements majeurs de la vie de la cité.

Elle sonna, dit-on, pour l'arrivée de Jeanne d'Arc, le 8 mars 1429.

De nos jours elle continue fidèlement à marquer au quotidien les heures et à carillonner lors des grandes occasions, actionnée alors par la main de l'homme. Mais la croyance populaire n'affirme-t-elle pas que les cloches protègent des orages et de toutes les foudres ?

VILLANDRY
UN POTAGER MAGIQUE

En bordure du Cher, il est un fier château posé en belvédère, surplombant de splendides parterres.

Il admire à ses pieds neuf carrés composés de plates-bandes de légumes et de fleurs, bordés de buissons de buis, ponctués d'arbres fruitiers et de rosiers-tiges, une abondance de plants renouvelés en permanence selon les mois de l'année, afin de décliner au fil des saisons des harmonies de couleurs : rouge, rose et orangé aux premières lueurs vernales, ciel et soleil sous les feux de l'été, cuivre et bronze sous la lumière automnale.

Une extraordinaire manière de faire valoir et savoir que l'utilitaire peut également être spectaculaire !

Dans ces massifs à destination des gourmets, tomates et fèves ont pour voisine anodine l'aubergine dont l'introduction dans la gastronomie française fut pourtant mouvementée.

Originaire des Indes lointaines, la belle et bonne corne violette arrive dans l'Hexagone au XVe siècle, après avoir gagné la Perse en longue caravane, traversé à dos de chameau l'Afrique du Nord, puis l'Andalousie en bâts d'âne. Quel chemin harassant sous les chaleurs accablantes du bassin méditerranéen !

L'époque médiévale est souvent méfiante lorsqu'une plante inconnue fait son apparition. Celle-ci est donc examinée sous toutes les coutures. On lui découvre une analogie avec la mandragore qui lui vaut tous les ennuis. La voilà dans de beaux draps, ou plus exactement dans de beaux torchons.

Ne voilà-t-il pas qu'on la soupçonne de transmettre des maladies contagieuses, la lèpre et des crises de folie ou d'épilepsie, aux allures de malédiction.

Cependant, malgré sa mauvaise réputation, l'aubergine prête volontiers ses vertus thérapeutiques à la pharmacopée et entre dans la composition de cataplasmes contre les brûlures.

Par chance, et en dépit de sa livrée lie de vin et de sa silhouette replète et suspecte, le jardinier de Louis XIV, Jean-Baptiste de La Quintinie, la cultive dans le potager royal de Versailles. Elle commence alors une lente ascension vers la réhabilitation et… l'adulation sur les meilleures tables du royaume.

Au levant, l'aubergine, coquine, fascine ainsi qu'en témoigne cette fable qui a pour cadre enchanteur le pays des *Mille et Une Nuits*.

Il était une fois une jeune fille qui possédait un talent phénoménal : une fée du logis qui cuisinait à la perfection ! Un religieux, fort gourmand, sitôt informé du fait, rend visite au père de la demoiselle. Il n'a plus qu'une idée en tête, convoler avec cette perle rare, mais pose toutefois des conditions draconiennes. Ce prétentieux exige une dot conséquente : douze énormes jarres remplies à ras bord de l'huile d'olive la plus fruitée, la plus parfumée, la plus dorée. Et la plus pure !

À l'issue de la cérémonie des noces, fastueuse, la nouvelle épousée, rusée, osée, se précipite sur ses bassines et découpe en fines rondelles des aubergines qu'elle met à tremper dans le liquide ambré.

Onze jours plus tard, le conjoint marri n'en croit pas ses yeux : « J'hallucine, je ne vois plus une goutte d'huile ! C'est incompréhensible ! Où est donc passé le contenu des amphores ? Il n'a pas pu s'évaporer purement et simplement ! On m'a volé mon huile… On m'a volé mon huile… J'ai tout perdu. Je suis un homme fini ! »

Il est vrai que la dot a été intégralement absorbée par la chair assoiffée des légumes. On ignore si l'imam a succombé de dépit au constat affligeant et irrémédiable de la perte d'une rente matrimoniale significative et longuement convoitée ou à l'ingestion goulue d'une nourriture bien trop grasse. Ce qui est sûr, c'est qu'il fut trouvé bel et bien roide mort sur le pavé de la cuisine !

C'est pourquoi, paraît-il, on peut déguster dans les petits restaurants orientaux, des aubergines frites au nom bizarre de imam basilldi, qui signifie syncope du prêtre…

Dans le potager de Villandry, bien d'autres locataires de ce jardin à vocation alimentaire font l'objet de récits légendaires. La mythologie romaine nous a relaté la colère de l'un des dieux de son panthéon, Jupiter, fou amoureux de Cynara, une fraîche beauté à la magnifique chevelure blond cendré.

Malheureusement l'objet de toutes ses pensées et de tous ses désirs repoussa vivement ses avances. Pour assumer une vengeance impitoyable, Jupiter châtia l'impudente, l'imprudente, la transformant en… artichaut !

Quant aux choux, ils connurent une destinée moins brutale, avec pour rivales cigognes et fées, des êtres nettement plus romantiques. En raison de leurs feuilles nombreuses et serrées, symboles de prospérité et de bonheur, ils sont devenus durant des générations les botaniques berceaux des bébés garçons.

CHAUMONT-SUR-LOIRE
LES ASTROLOGUES
DE CATHERINE DE MÉDICIS

La légende rapporte que Catherine de Médicis se passionnait pour les sciences occultes. Devait-elle à ses origines florentines, latines même, sa fascination pour les rites de prédication, que pratiquaient déjà les augures dans la Rome antique ?

Trois mots suffiraient à qualifier cette femme de caractère : domination, conspiration et divination.

Elle possédait semble-t-il un talent de seconde vue.

Dans ses rêves de pouvoir absolu, la petite duchesse – ainsi qu'on la surnommait à son arrivée en France – repensait à son passé, en Toscane, et au thème de sa naissance établi par Ruggieri le Vieux, illustre savant et médecin de Laurent de Médicis, son père, et par le fameux mathématicien Bazile.

Les deux astrologues avaient dressé un bien étrange, un bien troublant, un bien tragique horoscope centré sur le royal destin de l'enfant...

Elle devait épouser un souverain français, trois de ses fils monteraient sur le trône et deux de ses filles deviendraient elles aussi reines, mais tous s'éteindraient sans postérité.

C'est au château de Chaumont-sur-Loire que la souveraine se rend maishui dans l'antre du devin Cosme

Ruggieri. Elle a attendu patiemment cette nuit de pleine lune pour rejoindre le cabinet perché dans une tour dominant la Loire.

Alors qu'un feu, sorti tout droit des profondeurs de l'enfer, flambe dans la cheminée, Catherine découvre avec surprise des lettres hébraïques dessinées au sang de pigeon sur les murs de cette pièce encombrée de cornues, de cuves et de creusets, au milieu desquels trône un gigantesque alambic.

Partout sont dispersés des grimoires, des cartes, des parchemins, plus énigmatiques les uns que les autres pour le commun des mortels, mais la reine, initiée à ces arcanes, reconnaissait au passage certains symboles. Sur le sol, l'astrologue avait tracé un cercle représentant le zodiaque accompagné d'une forêt de signes cabalistiques.

Puis il avait achevé son rituel de préparation de divination par la disposition d'un crâne humain, d'un tibia, d'une lanterne et d'un chat en état de catalepsie, un véritable arsenal de magicien posé aux quatre points cardinaux.

Maintenant, il installe sa vénéneuse visiteuse vespérale dans un fauteuil faisant face à un énorme miroir magique qui va lui dévoiler bien des surprises !

Des formes floutées, les figures de ses enfants, se reflétèrent successivement dans la glace. D'abord François dont l'image se précise peu à peu, s'aiguise de détails puis se ravise et s'évanouit, abandonnant la glace afin de tourner sur les parois de la salle blanchies à la chaux et de retourner à son point d'apparition.

Le même phénomène se reproduit pour le visage de Charles, son second fils. Enfin Henri, le troisième…

La Florentine se recroqueville sur son siège. D'une voix blanche, elle interroge le devin :

« Que signifient ces mouvements, ces rotations pareils à ceux des astres ?

— Ils correspondent aux années de règne qu'exerceront vos descendants, maîtresse. »

Ce ne sont encore que des gamins mais ils arborent déjà allègrement les attributs de la royauté.

La reine est angoissée par ces visions qu'elle pressent négatives. Elle est ébranlée car sa progéniture lui apparaît soudain en grand danger.

« Et François, le petit dernier… le duc d'Alençon ? Est-ce son portrait ?

Elle ne le reconnaît pas. Ce nez, ces mains appartiennent à une autre famille. L'homme porte un chapeau orné d'un panache blanc qui se métamorphose progressivement en couronne.

— Ciel, ce n'est pas possible ! Quelle malédiction plane donc sur ma lignée ? s'écrie-t-elle en comprenant que François sera écarté du pouvoir. Va-t-il mourir en pleine jeunesse ? La dynastie des Valois s'éteindra-t-elle pour toujours ? »

Quand elle apprit qu'Henri IV exercerait le pouvoir vingt-deux ans durant et succéderait au dernier des Valois assassiné, elle fut saisie de stupeur, d'horreur, de fureur. Elle voua dès lors une haine féroce au Béarnais.

Superstitieuse, elle aimait à s'entourer de devins bien qu'elle possédât elle-même des dons divinatoires. La veille du tournoi où Henri II fut mortellement blessé, Catherine vit en songe l'adversaire de son époux lui asséner le coup fatal, sa lance se briser, et le malheureux, la tempe ensanglantée, expirer…

C'est également au cours d'un rêve prémonitoire qu'elle visualisait la disparition de Condé décédé en mars 1569.

Dans le château de Chaumont, de l'atelier du sorcier, ils scrutaient ensemble le ciel pour discerner dans la position des constellations quelques révélations sur le futur, le sien, celui de ses proches ou de ses héritiers.

Hantée par les *Centuries* de Nostradamus, la régente voulut s'attacher les services du mage de Salon, en sus des travaux astrologiques de Ruggieri et de Luc Gauric, célèbre aussi en Italie pour ses avis.

C'est pourquoi, lors d'un voyage à travers la France, elle rendit visite le 17 octobre 1564 à son conseiller et médecin dans son cabinet provençal.

« Cher mage, me confirmez-vous les prédictions données par le miroir de Chaumont ?

— Comme vous, Majesté, j'ai assisté à cette séance et j'ai pu y lire les messages de Ruggieri. L'erreur n'est guère envisageable. Cependant, pour m'en assurer, je vous propose d'ausculter le prince Henri demain. »

Le lendemain, Michel de Nostre-Dame examina le tout jeune héritier.

« Je peux vous certifier que le miroir n'a pas menti, Majesté ! »

La pauvre femme plongea dans l'affliction la plus totale à la confirmation de toutes ces prédictions catastrophiques.

Lorsqu'elle avait interrogé le mage sur sa propre disparition, il l'avait prévenue : « Vous serez près de Saint-Germain. » Ce qu'elle avait immédiatement interprété comme une injonction à se défier de ce lieu. Craignant de se voir emprisonnée, violentée ou trucidée au fond du château de Saint-Germain, elle n'en avait plus jamais franchi le seuil. C'est aussi la raison pour laquelle elle avait déserté ses appartements du Louvre, sis près de l'église Saint-Germain-l'Auxerrois, craignant jusqu'à la proximité d'une paroisse portant ce vocable.

La tradition rapporte que, quelques jours après le meurtre du duc de Guise à Blois, affreusement souffrante, Catherine de Médicis exprima le désir d'être assistée par un prêtre. On lui manda promptement un religieux qui l'entendit en confession et lui donna l'absolution.

Quand, rassérénée, elle voulut remercier celui qui l'avait assistée, elle demanda à connaître son nom.

Lorsqu'elle apprit qu'il s'appelait Julien de Saint-Germain, elle se remémora les paroles de Ruggieri, frémit et murmura : « Je suis perdue… »

VILLESAVIN
LES MÉTAMORPHOSES D'ANTAN

En bordure du Beuvron, entre Chambord et Cheverny, il est un château qui emprunte à ses illustres voisins une qualité d'exécution remarquable, en alliant charme, grâce et harmonie.

Il se love avec simplicité mais fierté dans un paysage bucolique qui concentre les caractères romantique et mystérieux de la forêt de Sologne.

Édifié entre 1527 et 1537 à la demande de Jean Le Breton, l'un des surintendants en charge de la conduite des travaux du château de Chambord, qui souhaite disposer d'une demeure à proximité du chantier royal.

Sans doute le maître des lieux put-il bénéficier de la virtuosité des sculpteurs florentins !

De hauts toits agrémentés de lucarnes délicatement ouvragées, d'élégants pilastres ioniques, une série de médaillons en terre cuite à l'effigie des César les plus célèbres, toutes ces ornementations soignées confèrent à l'ensemble une note raffinée.

Selon un chroniqueur contemporain, la totalité des vitres du chastel étaient en cristal et arboraient sur leur flanc des représentations des *Métamorphoses* d'Ovide.

Dans cette œuvre considérable en quinze livres, l'auteur avait réuni des récits ayant trait au thème de la transformation, de la transmutation des créatures humaines sous diverses formes, astres, plantes, animaux, minéraux… et ce depuis les origines du monde jusqu'au règne d'Auguste, sous lequel vécut cet illustre littérateur.

Populaire poète latin, qui consacra l'essentiel de son temps et de son talent à l'écriture. Il étudia d'abord à Rome, où il se plut davantage à taquiner la muse qu'à se plonger dans les traités de droit et autres ouvrages d'érudition, puis à Athènes, mais, riche héritier, il préféra employer la fortune paternelle à voyager à travers la Grèce, à visiter la Sicile, avant d'être exilé en Roumanie par ce fameux Auguste.

Lequel aurait été agacé, contrarié – que dis-je ! –, décontenancé et révolté par le contenu quelque peu impertinent d'un autre manuel du dénommé Publius Ovidius Naso, intitulé joliment *l'Art d'aimer*, qui connut pourtant un succès retentissant, resplendissant, ruisselant, et serait allé, après sa disparition, jusqu'à interdire la présence de ses opus dans les bibliothèques publiques.

De l'histoire des puissants dirigeants romains des débuts de l'ère chrétienne à la mythologie antique, il n'y avait qu'un pas à franchir pour plonger dans l'univers magique de la légende !

Évidemment, cette thématique métamorphique s'empara avidement du répertoire décoratif de la Renaissance. C'est ainsi que tapisseries, fresques et panneaux ornementaux divers se virent ovidement dédiés aux avatars évoqués par l'écrivain transalpin.

SAINT-YON
L'ÉPOPÉE DE L'HÉRITIER DU TÉMÉRAIRE

Un jour de l'an de grâce 1456, on découvrit un nouveau-né de trois mois, emmailloté dans ses langes, devant le manoir de Saint-Yon, acheté à son nom par un inconnu.

Le chérubin avait été confié à sa nourrice, une vieille femme qui en prenait grand soin, sans doute pour compenser l'absence maternelle. Seuls quelques serviteurs empressés les accompagnaient. Ces hommes, interrogés sur les origines du petit être qui braillait à s'époumoner, ignoraient absolument tout de son histoire. Ils avaient simplement reçu une bourse pour les récompenser de leur sollicitude.

Et il faut avouer qu'ils remplissaient leur tâche avec beaucoup de cœur, s'efforçant de consoler avec un zèle peu commun leur jeune maître tout en pleurs.

La compagnie coula dès lors des jours tranquilles, dans ce beau chastel d'Anjou.

Le garçonnet grandissait, entouré de l'affection de ses proches, toujours prêts à lui prodiguer les meilleurs soins.

Ils veillaient à son éducation et s'employaient à lui enseigner les bonnes manières.

Au dire de celui qui l'avait remarquée alors que le bambin n'avait pas cinq ans, et qui devait devenir son précepteur, le comte de Saint-Yon présentait une étonnante ressemblance avec Charles le Téméraire, au même âge.

Claude de Chimay l'avait pris aussitôt sous son aile, devinant probablement quel serait son étrange destin.

Le vieux combattant, habitué à observer l'enfant au quotidien, constatait que la parenté, déjà établie depuis fort longtemps entre les deux figures, s'accentuait de jour en jour.

Le guerrier éprouvait une énorme tendresse pour cet adolescent qu'il n'hésitait pas à considérer comme son fils.

Afin de lui assurer un avenir serein, il désira lui présenter une jeune fille douce, dévouée et digne de devenir son épouse. Il se mit donc en quête de cette perle, demoiselle vertueuse et noble, susceptible d'offrir un bonheur sans nuage à Jean.

C'est ainsi que, peu après, les noces furent célébrées et que les tourtereaux menèrent une existence paisible, pleine de charmes, et qui comblait entièrement celui qui, malgré un air empreint de majesté, n'aspirait, somme toute, qu'à de modestes ambitions.

Une attitude que son éducateur désapprouvait toutefois, tant il rêvait de lui restituer les droits dont il avait été injustement dépouillé.

Le comte de Chimay avait l'intime conviction qu'il n'était pas le seul à présumer la condition exceptionnelle de son élève, héritier légitime de feu le duc, tombé devant Nancy.

Les espions de Louis XI, l'« universale aragne », avaient certainement eu vent de cette descendance de son ennemi par trop gênante.

Le vieillard, soupçonnant secrètement le souverain des pires complots – ses acolytes se préparaient vraisemblablement à supprimer cet embarrassant prétendant à la couronne ducale de son adversaire héréditaire –, souhaitait convaincre son protégé de le suivre jusqu'à Beaune, pour le rétablir dans son lignage.

Un beau matin de renouveau, alors que le soleil vernal tardait à percer le ciel nébuleux et à darder ses premiers rayons tièdes sur la campagne à peine éveillée, une troupe d'une vingtaine d'hommes quitta discrètement l'Anjou, pour emprunter la route d'Orléans, en direction de la Bourgogne.

On est en avril 1483 et le moment est grave. L'adolescent, qui chevauche tranquillement au côté de son précepteur, réfléchit silencieusement. Il se demande s'il a bien fait de céder aux demandes réitérées de ce gentilhomme empressé, soucieux de lui restituer son statut de fils légitime de celui qui a porté haut son nom de Téméraire.

Il regrette déjà la quiétude de son foyer. Sa généreuse et joyeuse moitié lui témoignait constamment une telle affectueuse attention qu'il redoutait maintenant d'avoir à affronter les tourments de la jalousie, les rancunes de l'adversité, les affres du doute.

Ses compagnons de voyage jetaient de temps à autre un regard compatissant, à la dérobée, sur ce cavalier de race altière, au port austère. Il semblait si préoccupé qu'il ne remarquait pas la nature qui leur souriait, la végétation qui les saluait d'un souffle tendre, berçant les branches reverdies des saules et des aulnes, se détachant sur l'ocre verdâtre des herbes marécageuses. Des véroniques à la robe bleu pâle, des renoncules habillées de jaune lumineux, des myosotis au pourpoint azuré piquaient les prairies humides de pétales colorés et mutins.

Les chevaliers, drapés dans leur long manteau de drap marron, rehaussé de parements incarnats, maintenu par un fermail de vermeil serti de gemmes chatoyantes, franchirent les premiers les marais.

Ils portaient avec élégance un casque léger, orné d'une plume, et une armure de métal poli. Leurs armes, à la garde richement décorée de pierreries, étaient attachées à leur ceinture de soie brodée. Il n'était pas difficile, pour les inconnus qui les croisaient, de deviner que ces étrangers bien mis appartenaient à l'aristocratie.

Le harnachement de leurs coursiers disait également le haut rang de leurs maîtres. Richement caparaçonnées, elles arboraient des mors d'argent, ces bêtes racées qui galopaient à vive allure depuis qu'elles avaient quitté les sols mous et mouvants des marécages qui les effrayaient.

Elles étaient suivies par les montures des varlets, chargées de toutes sortes de paquets et de provisions, et même de bottes de foin, en prévision de l'expédition de réhabilitation de leur maître qui s'annonçait difficultueuse.

Les hommes pressaient le flanc de leurs chevaux, accélérant le train afin d'arriver au plus tôt à destination. Le trajet était encore long et le danger pouvait se manifester à chaque instant.

Le moindre froissement de feuilles, le plus petit sifflement s'échappant d'un taillis, un craquement de branche sèche, tout bruit devenait subitement suspect. Aussitôt le convoi s'arrêtait net pour tendre l'oreille et les soldats examinaient d'un regard circonspect les haies, les broussailles, les fourrés, les fossés.

D'ailleurs, les vétérans de la troupe, forts de leur expérience, n'hésitaient pas à s'arrêter à la lisière d'une forêt d'apparence inhabitée, d'une prairie en friche ou d'une lande écartée.

Dans cette thébaïde, ils voulaient s'assurer qu'aucune présence néfaste ne les guettait en catimini pour mieux les trucider, avec l'assurance que nul ne pourrait être témoin de ce guet-apens. Et ce d'autant plus qu'on ne distinguait pas la moindre maison à l'horizon... Ce qui laissait aisément supposer qu'un appel au secours resterait vain.

Puis, rassurés mais toujours prudents, ils reprenaient leurs rênes et filaient à bride abattue.

Le jeune comte Saint-Yon replongeait dans ses sombres pensées. Il ne parvenait pas à s'arracher à une sorte de sinistre prémonition.

Il en était là de ses méditations quand il aperçut dans le ciel une envolée de corvidés, décrivant de larges cercles sur les nuées.

Soudain les oiseaux s'approchèrent et vinrent planer au-dessus du chef ruisselant de boucles d'or sous le casque relevé de notre jeune preux.

Icelui en tressaillit de surprise et de dégoût. Cet incident lui semblait prendre la forme d'un avertissement.

Il s'adressa alors à son voisin pour lui confier :

« Messire, ne croyez-vous pas que je suis suffisamment malheureux comme cela ! Faut-il encore que ces maudits corbeaux se mettent de la partie ?

— Pourquoi dites-vous cela mon maître ? Vous êtes en train d'accomplir votre destin et vous serez tantôt récompensé de vos efforts...

— Oui, mais n'affirme-t-on pas que les coassements de ces bestioles maudites sont de mauvais présage ?

— Ce ne sont que vaines et vilaines superstitions...

— Pourtant cette croyance est fort répandue. Ne lui accordez-vous aucun crédit ?

— Pas le moins du monde, pour moi, ce ne sont que menteries !

— J'espère que vous avez raison, cher compagnon. Je crains ce genre d'oracle !

— Je vous répète que vous vous inquiétez à tort.

— J'aimerais partager votre confiance » ajouta-t-il en observant les volatiles s'éloigner à tire-d'aile.

La petite bande reprit son rythme, égayée par les éclats de rire des serviteurs qui s'amusaient, comme il sied à leur âge et à leur condition, d'une raillerie espiègle, d'une saillie douteuse ou d'une plaisanterie un peu leste.

Les sentiers poudreux défilaient sous les sabots de leurs chevaux… et succédaient aux chemins boueux jouxtant les gâtines.

La campagne désespérément déserte leur paraissait parfois hostile. Mais ils ne tardèrent pas à découvrir, au détour d'un boqueteau, une auberge, perdue au milieu d'un hameau isolé, entre pâtures et vergers.

Au signal de Claude de Chimay, les cavaliers posèrent pied à terre pour faire une halte bien méritée. Le gosier sec, les varlets s'attablèrent promptement, en réclamant au patron une cruche de vin frais.

Ains le gentilhomme qui dirigeait l'expédition les envoya sur-le-champ s'occuper d'abord des chevaux harassés et affamés, avant de songer à se reposer et se désaltérer.

Chacun fut invité à ne pas s'éloigner de la grande salle car la pause ne s'éterniserait pas. Messire Claude avait hâte de dépasser Orléans pour se sentir à l'abri des manigances ourdies par Louis XI.

Le précepteur venait à peine de quitter la table en compagnie de Jean lorsqu'il entendit un gigantesque fracas devant l'huis… Les deux hommes sortirent précipitamment dans la cour pour apercevoir leurs gens s'enfuir à belle vitesse en direction des prés voisins.

Dans un tonnerre de claquements de portes, de consignes hurlées à l'envi, de bruits de pas précipités, ils se trouvèrent face à un olibrius qui bafouillait des paroles inintelligibles.

Enfin, quand ils comprirent que ce tumulte dissimulait mal une attaque ennemie, ils se découvrirent en nombre restreint et désarmés, opposés à des adversaires déterminés.

Seul un des vieux guerriers avait gardé son épée. Il n'offrit qu'une courte résistance au prévôt du roi. Ce dernier ne cachait pas sa joie d'avoir enfin pu capturer celui qu'il convoitait depuis tant d'années.

« Enfin, je vous tiens bien, comte de Saint-Yon ! Je vous avoue que je ne suis pas mécontent… s'écria Tristan Lhermite.

— Vous n'avez pas à vous conduire ainsi avec un descendant de la noble maison de Bourgogne ! déclara M. de Chimay dont l'indignation était à son comble.

— Peu me chaut qu'il soit réellement prince de cette lignée ou simplement un imposteur ! J'ai rempli ma mission et vous m'en voyez ravi, messire. »

Sur ces mots, le traître à la figure cauteleuse fit volte-face et enfourcha sa monture, priant ses sbires de lier les poings des prisonniers.

Consternés, ceux-ci présumaient que désormais le jeune Jean ne ceindrait pas de sitôt son noble front du diadème ducal…

Résignés, ils se préparaient à pourrir au fond des geôles de Louis XI. Lequel reprocha à son prévôt Tristan son indolence, sur un ton vraiment peu amène :

« Par la Pâques-Dieu, où étiez-vous donc passé ? »

Le comte de Saint-Yon, condamné par le monarque à être jeté, dans un sac cousu, au milieu des bouillons de la Loire qui baignait les assises du château, réussit à sortir de l'eau, et de cette situation périlleuse.

Cette nuit-là, la chance lui avait souri. Malheureusement, il ne bénéficia pas d'une nouvelle clémence du ciel, et c'est dans une clairière de la forêt angevine, à quelques lieues de son manoir, où l'attendait sa généreuse et joyeuse épouse, que sa destinée et la camarde l'ont rattrapé.

Il fut transpercé d'un violent coup de lame par l'émissaire d'un adversaire inconnu qui, semble-t-il, le guettait depuis des lustres.

Jean de Saint-Yon, par son maintien et sa prestance – ô combien augustes ! –, s'inscrivit dans la lignée de dignité et de majesté de ses ancêtres, pardonnant à son assassin son geste fatal, en présence de ses fidèles compagnons affligés.

MONTRÉSOR
LE TRÉSOR DU LÉZARD

Aux confins du Berry et de la Touraine, il est une pittoresque petite cité médiévale. Icelle, belle sentinelle, veille, vigilante et valeureuse, sur la vallée de la Loire, aux portes de Loches.

Son nom, rare, radieux, ravissant, invite à fantasier : Montrésor !

Et à se remémorer une jolie légende qui remonte à l'époque du roi Gontran, petit-fils du célèbre Clovis.

Alors que ce digne descendant de la dynastie des Mérovingiens chevauchait à travers la forêt, en compagnie de son fidèle écuyer, il décida de marquer une pause bien méritée pour étancher sa soif et reprendre des forces.

Les deux cavaliers, vraiment épuisés, ne tardèrent pas à s'assoupir au creux d'un rocher, bercés par le babillage d'un bavard ruisseau.

Pendant que le prince est plongé dans un profond sommeil, son serviteur est subitement sorti de ses songes par une sorte de bruit sec, entre cliquetis, crissement et craquement. Une manière de chaplis comme si un bol ou une coupe s'était brisé à deux coudées de là.

Abandonnant à l'instant son merveilleux rêve de tendresse, de princesse, de richesse, il soulève lentement une paupière et aperçoit un lézard aux écailles mordorées sur le visage de Gontran. Ce dernier, réveillé par le frôlement du saurien miniature, interroge :

« Mais quel est donc cet importun qui me griffe ainsi l'oreille ? »

Aussitôt, son valet l'informe de la vision étrange qu'il vient d'avoir et lui propose de trucider l'intrus. Le maître lui interdit de briser le col à la bestiole.

Intrigué, il préfère suivre des yeux l'animal qui file et se faufile dans une anfractuosité de la rocaille.

Frrtt ! Le frétillant fuyard a furtivement disparu au fond d'une fissure. Puis, quelques minutes plus tard, alors que les viateurs s'apprêtaient à remonter en selle :

« Messire, regardez, à votre dextre ! Voyez ce petit poltron, son plastron est tout cuirassé d'or ! »

Instantanément, sans même avoir besoin de se concerter, ils entreprennent de dégager un passage à l'endroit exact où le coquin coruscant vient de sortir des entrailles du coteau. Ils découvrent d'abord un corridor puis s'enfoncent alors au sein d'un sinueux souterrain, véritable dédale, qui les mène jusqu'à une immense salle, où est entreposé, dans un coffre aux serrures ouvragées qu'ils forcent violemment, un fabuleux butin ruisselant de bijoux et de pierres rares.

Des coffres béants regorgeaient de colliers, de bagues et de broches, dont un fermail losangé armorié, incrusté de rubis. De lourdes chaînes en or massif jonchaient le sol. Des ciboires, des ostensoirs et des encensoirs en vermeil, rehaussés de gemmes et d'argent filigrané, jetaient leurs feux multicolores au fond de la caverne. Un sac de jute éventré emprisonnait encore quelques morceaux de minerai. C'est là que leur petit guide avait dû folâtrer et se couvrir de poussière du précieux métal. Des monnaies disséminées un peu partout dénonçaient la précipitation dans laquelle tous ces biens avaient été abandonnés, vaguement dissimulés par leurs détenteurs pris en chasse par des brigands. S'agissait-il de voleurs à l'affût ou de princes déchus ? Nul ne le saura jamais.

Cette trouvaille transporte de joie les deux hommes. Elle ne peut être que de bon augure.

Débordant de reconnaissance, le fils de Clotaire souhaite sur-le-champ, grâce à ce trésor, faire édifier un château sur ce mont qui s'appellera désormais Montrésor.

Un nom prédestiné puisque l'Histoire a placé ce superbe site sauvage sous le signe de l'or. En effet, il abrite aujourd'hui, et ce depuis des décennies, de magnifiques pièces d'orfèvrerie ayant appartenu aux rois de Pologne.

LANGEAIS
UNE FÉE POUR ANCÊTRE
DE RICHARD CŒUR DE LION

Richard Cœur de Lion, ce nom tellement fantaisiste aux oreilles de nos contemporains, n'a pas manqué de fasciner des générations d'écoliers qui l'ont gribouillé en lettres d'or sur leur pupitre…

Ils ont rêvé de chevaleresques aventures, à ses côtés, et sans souci de chronologie, l'ont accompagné à la Croisade, afin de délivrer la Jérusalem des mains des Sarrasins, chevaliers à peine adoubés, chevauchant d'altiers destriers, bardés d'acier de pied en cap sous leur armure coruscante et cliquetante, puis embarqués à sa suite pour découvrir des terres inconnues, du côté des Indes !

Mais la question du maître les rappelait à la réalité.

« Adrien, réponds-moi. Comment s'appelait le père de Richard Cœur de Lion ?

— Je crois que c'est Charles le Chauve » balbutie le petit, pas très sûr de lui, qui suce encore son pouce lorsqu'il craint la colère ou les reproches des adultes. »

Des rires moqueurs fusent aussitôt.

« Moi, je sais ! C'est Henri II Plantagenêt, le roi d'Angleterre.

— Savez-vous de quelle façon cette famille est liée à la Touraine ?

— Eh bien moi, mon grand-père, il m'a dit qu'ils ont beaucoup fait pour empêcher la Loire de déborder quand elle se met en crue…

— Raconte-moi ce qu'ils ont entrepris afin d'éviter les inondations !

— Ils ont fabriqué, pas eux parce que c'étaient des nobles, mais leurs serviteurs, des sortes de barrages, très solides…

— Ça s'appelle des digues, claironne fièrement son voisin.

— Tu as raison, et dans notre région, on dit des levées.

— Et un pont à Chinon, si je me souviens bien, complète quelqu'un.

— J'ai vu son tombeau à l'abbaye de Fontevrault. Même que la maîtresse, l'année dernière, elle nous a lu une histoire qui parlait de son enterrement. Il portait ses plus beaux habits et quelqu'un avait posé sa couronne sur sa tête et, tout près de lui, son épée et sa bague pour bien montrer que c'était lui le chef ! » ajoute une voix fluette.

Le professeur des écoles, avant d'entreprendre l'étude détaillée de la généalogie des Plantagenêts, interroge le premier de la classe. « Encore un surnom bizarre ! » songe un des élèves assis au fond de la salle.

Étonnamment, le fort en calcul n'a pas de lunettes sur le nez et son visage n'est pas crevassé de boutons. Il s'empresse de préciser :

« C'est le frère de ce souverain qui a hérité de ce sobriquet parce qu'il accrochait une petite branche de genêt à sa vêture en guise d'aigrette, monsieur.

— Oh, il cause comme un dictionnaire ! » ironise un effronté.

L'instituteur est ravi. Il continue son enquête :

« Savez-vous de qui descendent les membres de cette dynastie ? reprend-il sur un ton solennel qui confère tout son poids à la recherche.

— Du diable ! s'égosille aussi sec un garnement.

— Tu n'as pas tort, mon garçon, car Richard Cœur de Lion lui-même avouait : “Du diable nous venons et au diable nous retournons.”

— C'était pour rire, m'sieur !

— Pas tant que cela puisque ces seigneurs revendiquent l'existence d'une fée dans leurs origines. La légende relate que l'épouse de Foulques le Roux, au doux prénom de Roscille, obligée d'assister à un office religieux jusqu'au moment de la consécration, se serait volatilisée quand le prêtre l'aurait arrosée d'eau bénite, laissant là son manteau et répandant une insupportable odeur de soufre... Et ce n'est pas tout. Écoutez-moi attentivement... Il existe plusieurs cas semblables... Quant à la femme de Foulques le Réchin, Bertrade de Montfort, qui possédait des dons de magicienne, paraît-il, et dont on a raconté pis que pendre, puisqu'elle a été excommuniée – cela veut dire punie, mise à l'écart – par le pape, on lui doit la construction de la cathédrale et des fortifications de la forteresse d'Angers.

— Est-ce que Richard Cœur de Lion est venu à Langeais ? demande une fillette à la natte blonde, sagement appliquée à noter les explications du pédagogue.

— Oui, il a séjourné plusieurs fois au château durant sa vie, qui fut plutôt mouvementée, on pourrait même dire tourmentée. Quand il a voulu se croiser, il s'est rendu auprès de l'archevêque de Tours, Barthélemy de Vendôme, qui lui a remis solennellement son bâton de pèlerin et son écharpe. Mais patatrac ! le bourdon sur lequel il s'appuyait se brisa, ce qui fit frémir l'assistance, qui vit dans cet incident un mauvais présage. En effet, il connut moult péripéties et quelques exploits en Terre sainte qui lui valurent de se retrouver prisonnier en Allemagne. Puis il est parti combattre jusqu'en Limousin, attiré, dit-on, par la présence d'un trésor, et c'est là-bas qu'il a été transpercé par une flèche ennemie, avant de rendre son âme à Dieu. Mais il était suzerain de Langeais – suzerain et vassaux, vous vous souvenez de la leçon de la semaine dernière ? –, et il voulait transmettre ce castel à son neveu Arthur de Bretagne, fils de Geoffroy. Or ce dernier a été assassiné à Rouen par son autre oncle et…

— Que c'est compliqué ! se désole le cancre du cours, arc-bouté contre le radiateur. On dirait le feuilleton que ma mère suit à la télé, le soir, en rentrant du travail ! »

Il est vrai qu'histoire et légende sont intimement liées dans l'existence tumultueuse de celui qui fut très brièvement monarque d'Angleterre, comte de Touraine, au tempérament de bravoure.

Et encore le brave enseignant n'a pas eu le temps d'évoquer le personnage pittoresque d'Aliénor d'Aquitaine…

COLLIERS
UNE FUNESTE DISPARITION

En 1751, le chevalier de Bela, qui remplit une mission d'espion en Suède, auprès de fonderies de canons, pour le compte du roi Louis XV, et peut se targuer du titre de chambellan du roi de Pologne, décide de faire construire, sur la closerie du lieu dit Colliers, un manoir, sur les plans de l'architecte Jacques Gabriel, pour vivre discrètement, avec sa maîtresse, mademoiselle de Chauloy, une idylle édénique.

Cette demeure, magique et romantique, a ensuite appartenu au marquis de Vaudreuil, dernier gouverneur français de la Nouvelle France, terre et pays de Louisiane.

À sa disparition, comme il ne laissait aucune descendance, le château fut mis à la vente. Ce sont les ancêtres de la famille de Gélis qui s'en portèrent acquéreurs, en 1783. Depuis ce jour, la noble propriété n'a pas quitté le giron de cette parentèle.

Cette gracieuse résidence – aux harmonieuses façades, l'une tournée en direction de la Loire a bénéficié d'une influence italienne très marquée, tandis que l'autre, orientée vers le sud et la cour d'honneur, s'inscrit dans le style Mansart – déploie un charme particulier, lié au paysage ligérien.

On sait combien sa majesté le roi François Ier avait souhaité voir la Loire, parfois capricieuse, souvent malicieuse, mais toujours majestueuse, baigner de ses eaux le parc du château de Chambord. Le monarque n'avait renoncé à son projet pharaonique de dévier le cours du resplendissant ruban royal qu'à la vue de la somme colossale à débourser pour cette réalisation d'envergure.

La sérénité des lieux attire, toute l'année durant, une immense variété d'oiseaux dont il est plaisant d'observer le ballet fort affairé, très animé, agité quelquefois. Un spectacle sans cesse renouvelé, truffé de surprises. Est-ce un héron cendré qui approche, de son vol lent et régulier, ou bien s'agit-il d'une sarcelle ou encore d'un foulque ? La question engage le débat…

Selon la saison, il est loisible de découvrir d'autres espèces, particulièrement des migrateurs, qui trouvent dans ce cadre privilégié un prodigieux pourpris de pêche, à piller en toute quiétude.

Dans le calme imperturbable de cet écrin églogue, on profite d'une vue imprenable sur le fleuve indomptable. À la fraîcheur des vesprées d'été, confortablement campés sur la terrasse, les visiteurs admirent, émerveillés, les dernières lueurs orangées de couchers de soleil inoubliables, se reflétant sur l'eau scintillante, et s'adonnent à la rêverie, en écoutant le doux clapotis de l'onde, glissant sur les roches affleurant le lit de la rivière.

La légende a souvenance qu'une jeune femme, au volcanique prénom d'Éléonore, une de ces nombreuses amies intimes qui entretenait de tendres liens avec le vainqueur de Marignan, vivait sur le lieu délicieux de La Closerie. Ne s'agit-il pas plutôt de la sœur de Charles Quint, que le traité de Madrid donna pour fiancée à François Ier et que ce dernier, fort ardent au plaisir, délaissa, une fois épousée, au profit d'autres aventures galantes ?

Une nuit, alors que le roi n'avait pas daigné honorer leur rendez-vous galant, la belle répudiée, de désespoir, courut se précipiter dans la Loire.

Depuis cette tragique soirée, les promeneurs peuvent apercevoir, de temps à autre, se détachant sur les lointains brumeux, la silhouette évanescente de la malheureuse Éléonore, revenue errer le long des berges, pour guetter si le monarque bien-aimé n'était pas par hasard de retour sur le théâtre de leurs amours.

BLOIS
SOUS LE SIGNE DU LYS ET DU PORC-ÉPIC

Depuis la plus haute antiquité, le lys est vénéré pour l'élégance de ses pétales, aux nuances délicates et... sa fragrance.

Il a de ce fait inspiré maints artistes et accompagné les dieux dans leur quotidien.

La mythologie relate qu'Héraklès, fils de Zeus et d'une mortelle, Alcmène, fut glissé par son père auprès d'Héra, son épouse, et qu'il présida à la naissance de cette corolle, symbole de pureté de bien involontaire manière.

Alors que le nourrisson tétait un peu trop goulûment le sein de la déesse, deux gouttes de lait s'échappèrent de ses lèvres et éclaboussèrent l'une le ciel, où elle créa la voie lactée, et l'autre tomba sur la terre et se métamorphosa en cette fleur virginale unanimement admirée.

La légende raconte que dans le nord de la France coule une paisible rivière. Sur ses rives rieuses, sitôt les premières chaleurs vernales, s'épanouissaient de magnifiques iris jaunes. Si beaux qu'on venait les contempler de très loin.

Certains affirment que les rois francs, séduits par la beauté, la pureté, la majesté de cette fleur des bords de la Lys, l'auraient alors choisie comme emblème. D'autres prétendent que cette plante racée et parfumée doit son appellation au monarque Louis VII qui, l'ayant adoptée pour symbole, lui aurait également légué son nom devenu lys au fil du temps.

La fleur royale orne maintes salles du château de Blois, au côté d'autres blasons, tel le plus célèbre d'entre eux, le porc-épic, représentant la maison d'Orléans.

L'animal retenu par Louis XII pour sa capacité légendaire à projeter ses piquants à distance – qui s'y frotte s'y pique ! dit la devise doctement – se présente coiffé d'une couronne sur un panneau sculpté de la tour d'escalier éponyme.

Les Blésois racontent volontiers que l'hôtel d'Amboise était sis près du castel, le touchant presque. Il ne livrait passage qu'à deux personnes à la fois, entre une petite bâtisse à pans de bois et le noble monument. Y habitait le cardinal Georges d'Amboise.

À l'une de ses fenêtres, remarquable par sa décoration écussonnée, l'archevêque de Rouen, alors ministre de Louis XII, se plaisait à s'accouder à la douceur de la vesprée, pour converser avec le souverain sur un ton bien éloigné de celui des conventions de la cour.

Le monarque, quant à lui, appuyé à la croisée de sa chambre à coucher, aimait à deviser ainsi, sous la clarté argentée d'une nuit étoilée, et partager avec son interlocuteur un agréable moment de paix et de méditation, en toute simplicité.

SULLY-SUR-LOIRE
LE TRÉSOR DE SULLY

Édifiée à la fin du XIVe siècle au confluent de la Loire et de la Sange, d'après les plans de Raymond du Temple, architecte du Louvre, la demeure de Maximilien de Béthune, dignement drapée dans ses douves larges et profondes, est un superbe parangon de forteresse médiévale.

Lorsqu'il l'acquiert, le duc de Sully aménage la bâtisse d'origine, l'agrandit, l'adapte à son goût.

Il crée un magnifique parc d'agrément et renforce les digues pour se protéger des crues catastrophiques du capricieux fleuve sauvage.

La dernière propriétaire privée du pourpris, Mahaut de Béthune, convaincue que le Grand Sully avait amassé une fortune considérable au cours de sa longue et illustre carrière auprès d'Henri IV, et que ce magot devait selon toute vraisemblance être caché dans l'enceinte du château, entreprit une chasse au trésor des plus pittoresques, des plus gigantesques, des plus rocambolesques.

Mais elle n'a jamais entendu parler du moindre indice qui lui permettrait d'orienter ses recherches. Qu'à cela ne tienne ! À cœur vaillant rien d'impossible ! Et voilà la décision prise, irrévocable.

Madame amorce une véritable campagne de fouilles. Les cours extérieures sont, toutes affaires cessantes, transformées en chantiers, en ateliers, en bourbiers où l'on procède à des balisages, des sondages, des carottages. Malgré des efforts importants, imposants, rien… toujours rien.

L'initiative reste négative, improductive.

Pourtant Mahaut de Béthune n'est pas de nature à renoncer devant le premier obstacle venu. Elle ne peut supporter de rentrer le soir bredouille. Comme elle n'entend pas baisser les bras, elle s'attaque donc aux espaces intérieurs car il n'est pas question d'abandonner une si belle occasion de devenir riche.

Un mur qui sonne creux ! et aussitôt l'émotion est à son comble. La fièvre fouilleuse et farfouilleuse gagne toute l'équipe. Un coup de pelle suspect suspend la respiration de ce petit monde vaillant ains impatient. Un éclat de terre vernissée un peu trop rutilant, rubescent, rubicond, et la rumeur d'une trouvaille de taille dans la muraille se répand à la vitesse de l'éclair !

Bientôt les appartements sont sens dessus dessous. Chaque tapis, chaque tenture, chaque tableau est soulevé, soupesé, soupçonné… Petit à petit, plafonds, parquets, parois sont percés, défoncés, éventrés.

Les pièces ressemblent à de gigantesques trousses à outils vomissant clous, tenailles, marteaux et autres instruments de torture pour ces sols et cloisons charcutés à vif.

L'entreprise coûte cher. Les tentatives, même si elles se révèlent désespérément infructueuses, ruinent peu à peu la chercheuse d'or. Elle est obligée dans un premier temps de se séparer du mobilier.

Un beau matin, la mort dans l'âme, elle regarde les antiquaires à la mine réjouie qui s'apprêtent à quitter le palais dans une camionnette où sont entassés pêle-mêle coffres et commodes, buffets et bureaux, chaises, chenets et chandeliers. Sentimentale, elle souffre de sacrifier ces souvenirs de famille. Sans doute est-elle habitée par ce rêve d'enfant que tout adulte conserve au fond de son cœur : découvrir un trésor, des malles ruisselant de coupes en argent, de vaisselle en vermeil, de bijoux sertis de gemmes précieuses... Elle passe ainsi sans transition de l'apathie la plus totale à l'euphorie la plus phénoménale.

Puis elle doit envisager la vente du bâtiment également.

Commence alors une longue période de négociations puis une acquisition par l'administration.

On se souvient que le chanteur Charles Trénet, de retour d'un concert en Algérie, fatigué, s'endort dans l'avion qui le ramène en France. Il fait alors un songe étrange. La cachette où le célèbre ministre aurait dissimulé toutes ses richesses lui apparaît distinctement, et il n'a de cesse dès lors de vouloir acheter le château. Sitôt son arrivée, il contacte la mairie du lieu. Fait une offre, propose de partager la précieuse découverte avec les autorités et les autochtones.

Le projet ne verra oncques le jour. Le trésor non plus...

Même si, dit-on, le bon roi ne s'est jamais rendu sur son beau cheval blanc chez son ami Sully pour déguster la poule au pot dominicale, l'endroit n'en conserve pas moins deux autres trésors et non des moindres. Il peut se targuer en effet de détenir en son sein deux pures merveilles, d'une part, la charpente en berceau brisé du donjon, prouesse technique, esthétique et symbolique et, d'autre part, la tenture monumentale retraçant la légende de Psyché, brodée de fil d'or et d'argent, somptueuse !

PLESSIS-LÈS-TOURS
LES TERRIBLES FILLETTES DE LOUIS XI

Le captif méditait…

Des liens de corde lui garrottaient les mains derrière le dos. Son geôlier lui assénait régulièrement un coup de pied dans les tibias, comme pour lui remémorer sa condition de prisonnier.

Il songeait maintenant à la forteresse où on le conduisait, et à son peu recommandable propriétaire. Quel être déroutant ! Ses parents lui avaient longuement expliqué :

« Durant les dernières années de son règne, Louis XI se retira dans son château de Plessis-lès-Tours, au sein duquel il se sentait en relative sécurité.

C'était là son ultime retraite, son suprême refuge, son sinistre repaire. Il tentait, derrière les épaisses murailles dentelées de sa demeure, de conjurer le sort et d'échapper à la mort qu'il appréhendait depuis longtemps, la peur lui nouant fermement et amèrement les entrailles.

Entouré des soins attentifs du médecin attaché à sa seule personne, le dénommé Coictier, il passait le plus clair de ses journées et de ses nuits à imaginer mille et une ruses pour tenter de se soustraire à la destinée funeste qui emporte invariablement, inévitablement, irrémissiblement, tous les humains, qu'ils soient manants ou marquis, misérables ou monarques, malades, moines ou mécréants.

Le savant, instruit de cette frayeur obsessionnelle qui tenaillait sans répit l'esprit de son maître, en oubliait tout scrupule et profitait de l'aubaine pour extorquer au vieillard des honoraires monstrueux.

On murmurait que ses remèdes étaient fort bizarres, ses méthodes pas très catholiques. Il usait de potions et tisanes qu'il conservait jalousement dans des vases et des bocaux, rangés au fond de son cabinet, un antre qu'il était d'ailleurs le seul à fréquenter.

On alla jusqu'à rapporter de redoutables rumeurs... L'horrible carabin rassemblait dans l'inexpugnable donjon des enfants qu'il saignait et dont il faisait avaler le sang frais à son égrotant patient, pour régénérer le sien, devenu par trop âcre.

Ainsi le patibulaire individu, au service d'un valétudinaire barbon désemparé, était-il prêt à toutes les plus vulgaires bassesses pour gagner quelques milliers d'écus d'or supplémentaires.

Dès que Louis XI manifestait quelque réticence devant l'augmentation exagérée des sommes qu'il réclamait pour ses bons offices, le thérapeute furieux menaçait le souverain des pires calamités et exerçait ainsi sur lui un pouvoir tyrannique indicible. Icelui affolé se perdait alors en reconnaissance éblouie envers le pervers et en incessantes et plates excuses.

Épouvantée par les admonestations proférées par l'ignoble docteur dont la réputation, parmi la population, n'était pas des plus honorables, l'"universale aragne", ainsi qu'on le surnommait, suppliait les religieux de chasser la camarde qu'il sentait rôder autour de lui et d'intervenir pour son salut.

Ermites, chapelains, religieuses, dignitaires ecclésiastiques participaient à des messes que leur commandait le successeur de Charles VII.

Il se tournait aussi vers la religion et s'abîmait en prières, en processions et en pèlerinages.

Informé de l'arrivée, en provenance de la lointaine Calabre, d'un personnage de haute renommée, François de Paule, au train austère et saint, il le fit quérir immédiatement et le supplia, à genoux, d'œuvrer de quelconque manière, afin d'allonger le laps de temps qu'il lui restait à vivre.

Lorsqu'il fut trop souffrant pour accomplir lui-même ses actes de contrition, il rétribua des fidèles pour la conservation de son existence et la sauvegarde de son âme.

Les curés, auxquels sa majesté concédait de substantielles donations, achetaient moult reliques en son nom. Il se ruinait en acquisition de vénérées reliques, qu'il rapatriait de tous les hauts lieux de la chrétienté. »

Pourtant prévenu par les siens, il était difficile à l'adolescent d'imaginer que cet homme, terrorisé à l'idée de sa propre disparition, avait pu inventer autant de cruelles punitions, de sévices impitoyables, de longues agonies à l'intention de ses ennemis.

Soudain le damoiseau frémit ! Le long des chemins qui menaient à la forteresse, se balançaient, au bout des branches dépouillées, secouées par les coups de boutoir d'un vent violent, des cadavres humains décharnés, dépenaillés.

Ils pendaient tels des pantins démantibulés, des épouvantails désarticulés, des fantômes aux mouvements désordonnés.

Par-dessus les ramures dénudées, des virgules noires griffaient le ciel rougeoyant.

Les oiseaux de proie, corbeaux et vautours, esseulés ou regroupés en nuées, tournoyaient inlassablement dans les ultimes lueurs du soleil déclinant, à la vesprée, en poussant des cris rauques et lugubres. Ils se disputaient les derniers restes de chair putréfiée de leurs proies, muettes à jamais.

Parfois une chouette, dérangée par ces querelles intempestives, s'éloignait d'un sourd et lourd battement d'ailes, pour aller se poser sur une cheminée.

Ces sombres allées étaient d'autant plus dangereuses qu'elles renfermaient maints traquenards, chausse-trappes, fosses à leu et autres pièges dans lesquels vagabonds, otages ou soldats avaient perdu, souventes fois, un membre ou, plus gravement, leur vie.

Le jeune homme ne savait pas si les plaintes qui semblaient s'élever des souterrains étaient celles des trépassés, hurlant leur douleur passée, ou des captifs retenus dans les tristement célèbres fillettes, reléguées au creux des sous-sols du castel, et soumis à d'atroces tortures.

Car le récit qu'en avaient fait les rares rescapés était effroyable, abominable, incroyable.

Les fossés, remplis à ras bord d'une eau glauque, dardaient les pointes acérées de pieux fichés en leur fond fangeux. Les murailles voisines, hérissées d'une multitude de broches de fer, décourageaient la moindre envie d'intrusion ou d'évasion.

Après avoir franchi le pont-levis – aussitôt relevé après leur passage –, dans un grincement de poulies indescriptible, le page fut conduit par son garde jusqu'à une porte monumentale, de l'autre côté du pourpris.

Suivit la traversée de diverses cours fermées, la descente d'escaliers interminables, pour atteindre des caves voûtées, ruisselantes d'humidité, aux murs tapissés de salpêtre.

Là, dans un silence sépulcral et de drôles de cachots, patientaient d'encombrantes chaînes, munies à leur extrémité d'une énorme boule. Il identifia sur-le-champ ces entraves que, par le royaume tout entier, on appelait les fillettes.

Et que chacun craignait comme la foudre, pire ! comme la peste, comme le déluge !

Le bourreau le poussa vers sa prison, une cage de fer de huit pieds au carré, où le pauvre garçon ne parvenait pas à tenir debout. Son gardien lui attacha un anneau à la jambe.

Frrtt ! Un rat fila entre ses chausses en couinant. Un frisson fébrile lui parcourut le dos… Il était seul, dans cet espace minuscule où l'air semblait déjà lui manquer.

Il entendit la porte se refermer et sut alors qu'il ne reverrait oncques sa douce mie. Il s'accroupit sur le sol pour pleurer. Il s'engourdissait dans une sorte d'hébétude quand il entendit :

« Bsstt ! Bsstt ! Messire, ne vous laissez pas aller au désarroi… »

Son voisin lui fit part de ses sentiments. Il avait enduré abondance de supplices. Sa prison avait des allures de tombeau. Il se sentait définitivement retranché du peuple des vivants, privé de l'affection de ses proches, ignorant si ses enfants étaient encore vivants, et bien portants. Son compagnon de détention expliqua à notre héros l'histoire et la légende de leurs cellules :

« Deux d'entre elles ont été acheminées ici du château d'Onzain, près de Blois. Ou peut-être de Loches. L'une a notamment servi de prison, pendant dix ans, à l'évêque de Verdun, Guillaume d'Harancourt, autrefois ami et aumônier du roi, et l'autre au fameux cardinal La Balue… »

Même si l'avenir leur paraissait bien obscurci, du moins leur amitié naissante leur permettait-elle de rêver à un monde meilleur et à un miracle qui viendrait les délivrer de ces satanées fillettes…

LE CLOS-LUCÉ
LES DERNIERS BONHEURS DE LÉONARD

Harassé par ce voyage qui le mène de Rome à Amboise, mais enchanté de partir pour une nouvelle aventure, Léonard de Vinci presse le pas. Il lui faut franchir les Alpes avant l'hiver et son cortège de tempêtes de neige. Il ne veut pas compromettre l'acheminement du convoi de plusieurs mules transportant ses effets personnels et surtout… moult malles remplies à ras bord d'habits, de manuscrits, de croquis.

Trois tableaux, trois portraits, trois chefs-d'œuvre ont élu domicile dans de profondes sacoches de cuir battant les flancs des animaux bâtés. Le maître veille sur ses toiles de la Joconde, de sainte Anne et de saint Jean-Baptiste.

Enfin, le voilà arrivé à quelques lieues de sa résidence. Il aperçoit la façade du manoir toute de briques roses et de pierre blanche jouant avec la lumière de ce ciel tourangeau qui lui rappelle sa chère terre toscane. Il est ému d'approcher la Loire, ce fleuve fougueux qui le fascine, placé sous la protection de saint Jacques.

François Ier s'empresse de l'accueillir avec effusion : « Tu es libre ici de rêver, de penser et de travailler. »

Une pension annuelle de sept cents écus d'or lui est encore allouée.

Léonard pressent que dans cet endroit privilégié, sous le regard curieux et affectueux de ce souverain qui empruntera souvent ce souterrain secret incognito, reliant le château d'Amboise – dont les soubassements sont creusés sur plusieurs étages depuis belle lurette par la main de l'homme et que la population locale appelait « les greniers de César » – au Clos-Lucé à Cloux, il va pouvoir laisser libre cours à son imagination.

Le monarque souhaite ardemment lui confier d'exaltants projets, les plans d'un castel idéal et l'ordonnancement des fêtes royales.

Architecte de talent, il dessine des esquisses pour Chambord. Il prend plaisir à truffer le palais de dispositifs modernes et mécaniques. Cet anticipateur né jubilait à l'idée d'apporter des aménagements techniques inédits susceptibles d'améliorer la vie de ses contemporains, d'en éliminer maintes contraintes pour les remplacer par des solutions idoines.

Puisqu'il met au point engins volants – aéroplane, hélicoptère – et flottants, et même un humanoïde inspiré d'une armure si l'on prête foi à la tradition !

Il concevait des systèmes de portes automatiques, de téléphones, de circuits hydrauliques.

Il élaborait également d'étonnantes constructions démontables pour l'extérieur, les communs.

Précurseur, ce créateur majeur, ce metteur en scène hors pair, extraordinaire touche-à-tout, élève l'éclectisme, cette pluridisciplinarité multidimensionnelle, en don d'esprit, en un humanisme éclairé.

Il fascine alors le roi-chevalier qui n'hésite pas à lui rendre visite à l'improviste.

François Ier aime à converser avec cet homme à la connaissance universelle, ce génie exemplaire, débonnaire et visionnaire, dont les inventions et les intuitions sont légion. Le pont tournant, la roue à aube et la vis d'Archimède exposés dans le parc en témoignent avec éloquence.

Heureux, comblé, le savant italien remerciera son généreux mécène par un splendide spectacle spirituel, au soir du 17 juin 1518, dans un décor de voûte céleste reconstituée féerique, si illuminée qu'on aurait cru, précisent les chroniques du temps, « que la nuit fut chassée ».

La légende rapporte que l'artiste s'est éteint le deuxième jour du mois de mai de l'an suivant au Clos-Lucé, son ami François Ier à son chevet.

LANGEAIS
UN MARIAGE TRÈS SECRET

On est le 5 décembre au soir…

Les hôtes d'Anne et de Charles préparent fébrilement leurs effets pour la célébration des épousailles. Le lendemain à l'aube – heure où en cette saison la campagne blanchit et la Loire assoupie se blottit sous une écharpe de brume –, ils assisteront aux noces de la duchesse de Bretagne et du roi de France, une union ô combien essentielle car la fiancée apportera dans sa corbeille de mariée son fameux duché tant envié. Une dot inestimable !

Mais les circonstances de ces réjouissances ont des résonances bien étranges.

« Il est minuit et nous ne savons toujours pas où se déroulera la réception ! » s'étonne un invité, indéniablement inquiet.

Afin d'éviter aux futurs époux de courir le moindre danger – on ne sait jamais ce qui peut arriver en ces périodes mouvementées –, les maîtres de cérémonie ont prévu que témoins et convives rejoindront promptement le théâtre des festivités au déjuc, sitôt que la destination leur aura été discrètement divulguée, au dernier moment.

Il faut avouer que chacun des promis est déjà largement engagé dans un projet matrimonial, ce qui rend la situation ma foi quelque peu délicate.

À la parfin, voilà le secret dévoilé : l'échange des consentements se fera en la forteresse de Langeais, bâtie sur les ruines du donjon érigé par Foulques Nerra.

L'aspect menaçant de murailles percées de rares fenêtres, de mâchicoulis ponctuant les chemins de ronde, la présence d'un pont-levis enjambant des douves, tout la rendait redoutable aux yeux d'éventuels ennemis. Le choix a été longuement mûri.

Dès potron-minet, Anne de Bretagne et Charles VIII pénètrent au sein de la salle d'apparat que des tapisseries protègent de ce froid hivernal humide et pénétrant.

Elle a pris un soin extrême à sa toilette, somptueuse – huit aunes de drap précieux, bordé par cent soixante peaux de martre –, et son visage est rayonnant de douceur, de bonté et de vénusté.

Lui a revêtu son costume de velours et de soie, galonné d'orfroi et rebrodé de gemmes. Il resplendit.

Ils sont suivis du cortège de leurs nombreux amis, en habit de fête, dames au chaperon scintillant de pierreries ou au hennin à pointe triomphante, arborant des tenues à corsage ajusté et à ample traîne, et messieurs vêtus de justaucorps foncés et de courtes tuniques claires, coiffés d'une toque parée d'une plume de paon.

Icelles et iceux, dont moult princes de sang, avancent, extrêmement ravis de les accompagner, en ce jour à marquer d'une pierre blanche, dans leur démarche nuptiale.

Le soleil jette ses premiers feux par les étroits vitraux et dessine sur le sol des figures multicolores chatoyantes. Lances, écus et trophées de chasse veillent à la décoration des murs, et coffres, crédences et candélabres, minutieusement ouvragés, confèrent une note conviviale à l'atmosphère solennelle de l'instant.

Au dehors, en contrebas, on entend la foule en liesse qui vient juste d'apprendre la nouvelle et clame son enthousiasme.

La cité, qui s'enorgueillit de compter sur son blason trois melons parce qu'elle a connu une extraordinaire faveur – des graines, rapportées par les Croisés de ces chaudes contrées de Palestine écrasées de soleil, lui ont été destinées en primeur –, va-t-elle offrir à la si charmante accordée ce cadeau symbolique ? Certes non, le fruit n'est pas de saison.

La légende se tait également sur la coutume étrange qui règne en cette localité, de se porter à la rencontre de tout nouvel arrivé, pour lui offrir une petite botte de paille, en signe de bienvenue. La tradition n'a sans doute pu être respectée !

Qu'à cela ne tienne, la ville entière tient à s'associer à l'événement, auquel elle réserve un accueil excessivement chaleureux, et résonne de cris d'admiration et de déférence. Elle fait savoir son allégresse par des vivats sonores et des coups de trompe retentissants.

C'est ainsi qu'une frêle et fine gamine, digne descendante du duché de l'albe hermine, revêtue d'une robe de drap d'or garnie de zibeline, en ce 6 décembre de l'an de grâce 1491, prit en catimini pour mari Sa Majesté le roi, sous les refrains joyeux de la compagnie des ménétriers de Pierre, duc de Bourgogne, en présence de l'élite de la Cour.

Celle que la légende avait surnommée la petite fée en raison des bienfaits qu'elle avait accomplis auprès des malades et des indigents, par les plages et paysages non loin du castel aux trois tours de Redon, serait bientôt sacrée reine de France.

AZAY-LE-RIDEAU
LA SALAMANDRE POUR EMBLÈME

Choisir la salamandre pour emblème, quelle idée bizarre ! diront certains. La salamandre n'est somme toute qu'une sorte de crapaud à queue, un lézard tacheté.

Pourquoi bigre le roi François Ier, ce colosse cultivé et charismatique, a-t-il choisi pour imprimer sa souveraine marque ce batracien figurant déjà sur les armes familiales ? Bien que représenté dressé et associé à sa devise, « J'y vis et je l'éteins », par le vainqueur de Marignan, il n'en demeure pas moins que l'animal ne possède pas la noblesse du cerf, le courage du lion, la force de l'ours.

D'autres souligneront qu'il s'agit d'une bestiole venimeuse. Certes elle ne dispose pas d'organe propre à inoculer son venin, cependant sa peau nue – sans le moindre poil, sans la plus minuscule plume, sans même une écaille – est gluante d'un mucus pas tout à fait inoffensif, pour l'imprudent ou l'ignorant qui la touche.

Pourtant, il faut reconnaître qu'elle n'est pas sans attrait. En effet, l'œil est séduit par le graphisme étonnant de son dos noir, maculé, marbré, marqueté de taches d'un superbe jaune d'or. Un contraste qui ne manque pas d'avertir le promeneur ou le prédateur. L'avertissement est dissuasif. L'urodèle a enfilé cette panoplie pour prévenir le prédateur de la présence d'un poison. Elle n'est pas démoniaque, seulement gardienne de feu ou de trésor.

« Attention à toi qui m'approches, cet effet optique, ce code de couleur jouant sur l'alignement de bandes morcelées, pointillées noires et jaunes, signale une animosité, une dangerosité certaine.

Passant éloigne-toi, car comme pour la guêpe ou le tigre, ce corsage strié affiche franchement un caractère agressif, voire belliqueux... »

Seul le pacifique et sympathique marsupilami échappe à cette symbolique !

On comprend alors pourquoi ce dragon miniature est à l'origine de tant de légendes depuis la nuit des temps.

En outre, comme il hiberne durant plusieurs mois à l'abri d'une souche, sous un tas de feuilles mortes ou au creux d'une fissure, l'imaginaire populaire l'a soupçonné de mille méfaits, affublé de mille pouvoirs puisqu'il ressuscite dès que la température remonte et que ses membres amputés se régénèrent rapidement et intégralement.

Tombé dans un puits, il empoisonne l'eau. Grimpé au sommet d'un arbre, il en intoxique les fruits. Sa morsure rend les hommes chauves...

Sa relation avec le feu – il ne craint pas de traverser les brasiers les plus brûlants – a laissé présager qu'il habite dans les flammes et ne meurt que lorsque celles qui l'ont vu naître s'éteignent.

Nos aïeux soutenaient fermement que, pendue à la crémaillère, la salamandre permettait de rôtir tout ce qu'ils posaient devant la cheminée et que, placée dans l'obscurité, elle éclairait une pièce de ses seuls yeux brillants. Ils n'oubliaient pas cependant – et y croyaient dur comme fer – que son regard était capable de tuer et qu'ils gagneraient cent jours de purgatoire s'ils l'éliminaient purement et simplement.

Les récits de voyages voyaient aussi fleurir mille fables, dont l'existence d'une étoffe confectionnée à l'aide de soie blanche secrétée par le bestion en question, d'une extrême souplesse et qui résistait héroïquement à tout embrasement.

On doit probablement la première mention de la drôle de bestiole à Pline l'Ancien, dans son *Histoire naturelle*. Il brosse la description d'un autre animal dans le livre suivant, qui présente des caractéristiques similaires, la pyrallis, un genre de reptile ailé posé sur quatre pattes qui vit au sein des foyers des forges de l'île de Chypre.

Selon l'interprétation de certains cabalistes, les salamandres ne sont rien d'autre que des esprits élémentaires, composés des parties ignées les plus subtiles, qu'ils habitent, qu'ils hantent. Nombreux sont les savants affirmant que ce sont ceux dont la durée de vie est la plus extraordinaire.

Quant aux démonologues, ils contredisent les historiens sur la généalogie de Romulus, héros transalpin, qui lui attribuent Mars pour géniteur. Ils prétendent qu'il était bel et bien le fils d'une salamandre, donc d'un incube !

Un érudit espiègle écrit que l'animalcule loge à l'intérieur de la terre, sous des montagnes de bitume en fusion, comme il s'en trouve dans l'Etna, le Vésuve et le cap Rouge. Et pour achever le tableau, plutôt fantastique, magique, épique, il sue de l'huile bouillante, quand il livre combat, et crache de l'eau-forte..., qui n'est pas moins que de l'acide, à la face de son adversaire ! Le lecteur de *Cyrano de Bergerac* entendra l'allusion !

François Ier n'a pas manqué de se placer sous la protection de cette fameuse et sympathique salamandre, que l'on peut admirer sculptée dans la pierre sous une fenêtre du premier étage, ou peinte sur la cheminée monumentale de la grande salle où étaient donnés autrefois de prestigieux bals et festins au cœur de ce magnifique château de la Renaissance, posé sur une île tel un ravissant camée se mirant dans les eaux de l'Indre.

SACHÉ
LES MIRACLES DE MARGUERITE

Le nom de Saché évoque immanquablement la présence de l'écrivain Honoré de Balzac. Un musée installé dans les murs du château reconstitue le cadre qui accueillit l'homme de lettres, venu se retirer dans ce vallon pour concevoir son œuvre littéraire, en particulier cette petite chambre basse de plafond, au mobilier modeste, à l'atmosphère recueillie, telle celle d'un monastère.

Ainsi le romancier, dans l'isolement de cette retraite, peaufina-t-il plusieurs portraits de ses plus fameux personnages et la trame de leurs aventures, lors de mémorables combats nocturnes où il taquinait la muse, griffant de signes d'encre le papier vierge, à la lumière d'une lampe à huile, réconforté par le breuvage maintenu chaud par la flamme d'une tisanière.

Pourtant Balzac n'effectua que quelques séjours dans ce lieu, notamment pour se protéger des tumultes des salons, des turbulences des créanciers, des turpitudes du monde, et imaginer de superbes narrations.

Une autre personnalité qui vécut en cette demeure lui dispute une belle célébrité. Et celle-ci n'est point de fiction. Il s'agit de Marguerite de Rousselé, surnommée la bienheureuse de Saché.

Cette jeune personne, arrachée à l'affection des siens dans la fleur de l'âge et en odeur de sainteté, connut une bien curieuse destinée.

Fille de René de Rousselé et de Marguerite de Montmorency-Bouteville, chanceux propriétaires du château qui menaient une vie mondaine brillante, émaillée de distractions raffinées, de réceptions fastueuses réunissant des hôtes parmi les plus nobles familles de France. Et à l'initiative de constructions remarquables à l'image de la porte d'entrée monumentale ou l'escalier à l'italienne conduisant aux salons.

Des fantaisies que sa position et un titre de chevalier des ordres du roi et gentilhomme ordinaire de sa chambre permettaient à son père.

Très tôt, la petite, pourtant précautionneusement élevée selon les conventions imposées par sa naissance, témoigna un penchant permanent à la piété et à la charité.

Elle éprouvait une immense compassion naturelle envers les pauvres, les malades, les réprouvés.

Elle incarnait par son intelligence ardente, son élégance admirable, sa beauté délicate, la perfection rare, celle dont tous les parents rêvent pour fonder d'énormes espoirs dans l'avenir et l'établissement de leur progéniture.

Marguerite allait bien vite décevoir toutes leurs illusions.

C'est en 1625 que notre héroïne, à l'occasion de la célébration d'un jubilé universel, manifesta un mysticisme mirifique. Elle sentit naître au plus profond d'elle une vocation de carmélite.

À l'écoute du curé de Saché, son confesseur, elle choisit une existence de renoncement total.

Lorsque Marguerite fit part de ses engagements à ses géniteurs, ceux-ci s'opposèrent fermement à son entrée au carmel de Tours mais acceptèrent toutefois un compromis, imaginant qu'elle finirait par se ranger à leur volonté.

Ils admirent donc que leur chère héritière suive les règles de cette congrégation, mais ceci devait se prévoir dans l'espace du château familial.

Forte de cet accord, la demoiselle se consacrait largement à l'oraison et la méditation, se recueillant longuement dans une grotte, sise en contrebas du manoir, dans les bois, à proximité d'une cascade. Elle y séjournait souvent, allongée face contre terre.

Ses actions d'humilité, multipliées avec la plus grande sérénité, la remplissaient d'une joie irradiante.

Elle se plaisait à accomplir les tâches les plus humiliantes, arborant sourire et bonne humeur. Elle participait à l'entretien de l'église, partageait les besognes des serviteurs, ne manquant jamais l'occasion de soigner les malades, d'assister les pauvres et les orphelins ; elle s'infligeait des mortifications, s'exposant au froid, se privant de sommeil, s'adonnant au jeûne...

Après deux ans et demi d'un tel quotidien, d'une telle exigence, Marguerite tomba malade, fragilisée par les souffrances qu'elle s'imposait et endurait sans se plaindre et ses constants efforts pour satisfaire les implorations parentales.

D'ailleurs, sa mère effrayée céda à sa requête quand elle constata son état désespéré, une décision qui ne manqua pas de transfigurer la jeune fille.

Après sa disparition – le 17 janvier 1628 –, saluée avec une incommensurable ferveur par la population locale, Saché devint une destination de pèlerinage.

Devant sa tombe s'opérèrent des guérisons miraculeuses. À l'été 1630, certains observèrent d'étranges phénomènes lumineux, près de l'excavation où la bienheureuse méditait et priait, et au jeu de paume castral où journellement elle récitait son rosaire, à la vesprée.

Un autre prodige eut lieu pendant la périlleuse période révolutionnaire : sa sépulture échappa au sacrilège de la dévastation, comme un superbe hommage à cette vie d'abnégation !

ANGERS
LA VENGEANCE DE FOULQUES NERRA

« Cette forteresse a été bâtie par Foulques Nerra sur l'emplacement qu'occupait la demeure des évêques d'Angers du VIe au IXe siècle.

— Quel nom étrange pour un seigneur de ce paisible et riant Val de Loire !

— En fait il s'agit plutôt d'un surnom, "le faucon noir", donné à ce terrible personnage en raison de son teint sombre, ses yeux foncés, son regard perçant, qui a placé sa vie sous le signe de la vanité, de la violence et de la vilenie.

— Ne dit-on pas que cet impétueux, cet impulsif, cet impavide, n'hésita pas à faire brûler sa première épouse sur la place publique, la soupçonnant d'infamie, d'adultère ? Puis s'apercevant qu'il avait commis une erreur, qu'il se rendit à Jérusalem pour obtenir le pardon de son pitoyable péché à force de prières, de pénitences et autres privations.

— Selon la légende, il aurait précipité sa femme dans le vide du haut des remparts.

— Ce n'est pas la réalité ? demande un des visiteurs interloqué.

— Pas exactement. En fait, Élisabeth de Vendôme, avec qui il avait convolé en justes noces, héritière du fameux et fidèle favori d'Hugues Capet, Bouchard, avait donné le jour à une petite Adèle… La naissance d'une fille n'était pas facile à accepter pour un guerrier de sa trempe. Vous imaginez… Quelle déception, quelle humiliation… une malédiction !

— L'homme n'est-il pas un peu excessif ?

— Il se devait d'engendrer un fils, un mâle, un successeur quoi !

— Et blessé dans son orgueil, il décide de se venger ?

— En quelque sorte. Il imagina que cette enfant était le fruit d'une trahison. La chose s'explique facilement car il était très fréquemment parti guerroyer au loin. Alors il rumina, rugit, rusa.

— Quelle mauvaise foi ! s'exclame un promeneur.

— Oui, parce que peu à peu le soupçon le rongea et bientôt il se convainquit qu'il avait été effectivement trompé par la pauvre Élisabeth. Et décida donc d'une détestable sanction.

— Laquelle ?

— La mort ! Et pour être sûr de parvenir à ses fins, Foulques désigna lui-même les juges. Le tribunal serait donc obligatoirement complaisant. L'accusée tenta bien de se disculper de toutes ses forces ains ses chances d'échapper à son funeste destin étaient si minces… Le verdict tomba, terrible, terrifiant.

— Personne n'a essayé de plaider en sa faveur, de s'interposer ?

— Le peuple horrifié pria pour l'âme de sa princesse qu'il chérissait tant, mais sans oser broncher.

— La méthode est pour le moins expéditive ! Quel personnage cruel ! Ne manifeste-t-il pas ensuite le moindre remords ?

— Si, bien évidemment, et cela d'autant plus qu'un incendie a ravagé la ville quelques jours après le meurtre.

Certains calomnièrent leur seigneur, sous-entendant qu'il avait déjà assassiné la malheureuse depuis quelque temps et avait lui-même embrasé leur logis afin de dissimuler son forfait. D'autres habitants hurlèrent hardiment en chœur "C'est le châtiment du Ciel !" et scandèrent alors son nom comme on crie celui d'un coupable. Chaque jour voyait naître une nouvelle version des faits qui annulait la précédente et engendrait une confusion indicible. En tous les cas, Foulques Nerra éprouva – raconte-t-on – une peur panique de la punition des enfers. Il partit promptement en pèlerinage sur le tombeau du Christ et combla le clergé de bienfaits. Puis, à son retour, il fonda de nouveaux sanctuaires avant de reprendre derechef ses méfaits…

— Est-il finalement devenu davantage tolérant ?

— Non, il a gardé son caractère belliqueux, mais la crainte de l'au-delà, son désir de salut éternel l'amenaient régulièrement à se repentir. Et toute son existence a balancé entre brutalité et piété, férocité et générosité. On rapporte par exemple que, d'une gifle, il arracha un œil à un soldat fait prisonnier à Saumur et qu'il aurait détaché un fragment de pierre du Saint-Sépulcre rien qu'avec ses dents !

— Quel bonhomme extravagant ! » conclut un jeune homme plutôt perplexe en tournant les talons pour suivre le guide et partir à la découverte des mystères et des richesses de ce remarquable château.

LE RIVAU
UN JARDIN DE CONTE DE FÉES

Il est au château du Rivau un jardin extraordinaire où il fait bon flâner, folâtrer et fureter, car on est sûr d'y rencontrer des amis formidables, fort aimables, comme l'adorable Alice échappée du pays des merveilles pour métamorphoser le moindre massif fleuri en un stupéfiant carré magique unique ou un étonnant labyrinthe mystérieux.

Mais on y croise aussi quelquefois des personnages particulièrement menaçants. Brrr ! Des géants effrayants, des ogres affamés avec un appétit de Gargantua, impossibles à rassasier avec les seuls légumes du potager... ou les fruits frais du verger.

Pourquoi ne pas enfiler alors des bottes de sept lieues pour emboîter le pas au Petit Poucet ou à des lutins coquins qu'on croirait tout droit sortis de livres de contes et légendes illustrés !

Quel plaisir de déambuler par les allées enchantées menant vers des parterres de plantes prodigieuses, prêtes à déployer tous leurs artifices – telles les lavandes séductrices par leur élégance et leur fragrance –, à user de tous les maléfices, de leurs pouvoirs secrets et des sortilèges des sorcières pour attirer l'innocent promeneur occupé à admirer toutes les délices cultivées dans ce petit paradis.

De radieuses et rieuses visiteuses profitent de l'absence de leurs parents partis se restaurer à la table des fées pour se lancer sur la trace d'une de leurs héroïnes favorites blotties parmi les lacis de broderies.

« Regardez là-bas ! Quel animal gigantesque a abandonné ce pot de fleurs immense ?

— Peut-être un diplodocus ! répond effrontément un gamin turbulent.

— Si vous croisez la princesse Raiponce, surtout demandez-lui de…

— Impossible, elle se morfond sous les plafonds ronds de sa tour d'ivoire.

— Ce n'est pas vrai, une gentille magicienne lui a donné la clé de l'énigme et…

— Mais de toute façon, une clé ne pouvait résoudre son problème. Il aurait d'abord fallu que le mur comporte une porte !

— Je ne te crois pas. Il y a forcément une sortie. Ce que tu dis ne tient pas debout ! Attendez-moi, je vais interroger le guide ! »

Le cicérone se fait une joie de renseigner les bambins et profite de leur curiosité aiguisée pour les renseigner sur le passé du château, intimement lié à l'illustre famille des Beauvau.

Apparentés aux comtes d'Anjou, ils connaissaient le privilège de rendre hommage à leur suzerain l'épée au côté, debout, et le chapeau sur le chef.

Les oreilles attentives et les yeux écarquillés, la bouche ouverte, ce sympathique public s'efforce de retenir toutes les informations données.

Quand ils entendent citer Jeanne d'Arc, les petits redoublent de concentration.

« On l'a étudiée en classe ! » s'exclame le benjamin.

Le guide sourit :

« Avant le siège d'Orléans, elle est venue avec ses compagnons quérir au Rivau, renommé pour la qualité des destriers de guerre qui y étaient élevés, des chevaux d'équipage. »

Les enfants sont très surpris d'apprendre qu'un endroit si joli et où l'on s'amuse autant puisse revêtir une telle importance dans l'Histoire de France !

BLOIS
LE CABINET DES POISONS
DE CATHERINE DE MÉDICIS

La chronique du Moyen Âge décrivait ce chastel « bel, grand, fort et plantureux et des beaux du royaume de France ». Un incontestable chef-d'œuvre…

Les murs chargés d'histoire et éclaboussés de sang qui dominent les vieux quartiers, traversés de rues tortueuses, montueuses et rocailleuses, donc pittoresques, ont connu les tragédies les plus sombres – comment oublier la fin tragique du duc de Guise, le 23 décembre 1588, dans ce château de Blois, assassiné sur ordre du roi ! –, les conseils, les états généraux et autres grands événements fondamentaux de la vie politique du pays, et les cérémonies, les fêtes et les bals les plus éblouissants.

La féerique résidence résista résolument, avec véhémence, aux affres du temps qui passe, et chasse, et casse, du neuf l'aspect trop propret, et pose la plaisante patte de la patine sur les pierres, et surtout aux vicissitudes des modes et inclinations par trop ingrates et indélicates.

Catherine de Médicis installa, dans une des deux tours de la formidable forteresse féodale, son fameux observatoire astronomique. Cet endroit privilégié lui permettait de bénéficier d'une vue admirable sur la Loire.

Un magnifique et majestueux escalier conduisait aux appartements, situés au premier étage de ce castel, où la reine s'était alors retirée. Cette merveille, ciselée au fil des siècles par des maistres artisans de grande virtuosité, réunit maishui, d'harmonieuse façon, la force de l'époque médiévale, la grâce si caractéristique de la Renaissance, puis la sévérité du Grand Siècle.

La souveraine disposait notamment d'une chambre à coucher, où elle rendit son âme à Dieu le 5 janvier 1589, d'un agréable cabinet de toilette et d'un petit oratoire.

Elle occupait également un espace de travail, célèbre pour ses superbes boiseries sculptées, qui comptaient deux cent quarante-huit panneaux de l'ouvrage le plus délicat, le plus élégant, le plus original, à motifs d'ornementation tous différents, dont certains dissimulaient, selon la croyance populaire, de mystérieuses armoires à tiroirs secrets.

On a tout dit, tout écrit sur ces probables placards à... poison !

On prêtait à l'épouse du roi Henri II un caractère ombrageux, soupçonneux, tempêtueux. Du tempérament, en un mot !

Il est vrai que Catherine la rusée, la rouée, la roublarde, femme fidèle, superstitieuse, courageuse, ambitieuse, s'entourait d'une cour de mages et divinateurs de tout poil, qu'elle consultait régulièrement, avant de prendre une décision importante, pour s'informer de la bienveillance des astres ou après avoir fait un rêve, souventes fois prémonitoire.

C'est ainsi qu'elle avait eu le terrible pressentiment d'un imminent malheur lorsqu'elle avait su que son mari se présenterait en combat singulier, sur la lice.

Un augure de sa connaissance, qui répondait au patronyme de Lucas Gauric, lui avait confirmé qu'un duel lui enlèverait son époux autour de la quarante et unième année de son existence.

Tremblante d'effroi, elle avait assisté aux préparatifs du tournoi qui devait opposer le souverain, quadragénaire depuis quinze mois, à plusieurs protagonistes, dont le duc de Savoie, face auquel il avait fait preuve d'une adresse exceptionnelle.

Deux prestations successives lui ayant donné des ailes, le monarque pria le comte Gabriel de Montgomery, seigneur de Lorges, de l'affronter en champ clos.

Catherine, livide, se remémorait à voix basse la terrifiante prophétie de son mage, reprise par Michel de Nostre-Dame, le médecin et devin provençal, qu'elle avait fait venir auprès d'elle en 1556, dans un des quatrains de ses *Centuries* :

« Le lion jeune, le vieux surmontera
En champ bellique, par singulier duelle,
Dans cage d'or les yeux lui crèvera
Deux classes une, puis mourir, mort cruelle. »

Le roi arborait les couleurs de Diane de Poitiers mais Catherine ne bronchait pas, attendant patiemment son heure qui ne tarda pas à arriver. Les voies du Seigneur sont impénétrables et parfois prévisibles…

Les combattants se précipitèrent farouchement l'un vers l'autre, prêts à en découdre. La joute s'annonçait spectaculaire…, quand la lance de son adversaire frappa le casque du roi si brutalement qu'elle en souleva la visière, lui crevant l'œil droit et lui brisant le crâne. Un hurlement d'horreur parcourut l'assistance.

Fichtre, le blessé aveuglé tentait de se maintenir coûte que coûte sur sa monture. Il tint bon quelques instants avant de s'écrouler lourdement sur le sable.

Devant la figure ensanglantée d'Henri II, Catherine de Médicis avait perdu conscience et s'était effondrée sur le plancher de la tribune d'honneur. La foule des spectateurs avait alors hurlé son angoisse dans une clameur alarmante.

L'abominable cauchemar était en train de se réaliser.

Cet épisode funeste avait conforté la Florentine dans sa croyance en la position des étoiles.

Depuis son deuil, elle interrogeait constamment les frères Ruggieri – Cosme et Laurent – sur son avenir et sur celui, primordial, de sa progéniture.

Ceux-ci, dans leur antre parisien, véritable arsenal du démon, s'adonnaient, à longueur d'année, à l'alchimie et aux sciences occultes. Ils connaissaient aussi parfaitement la science des sorciers et pratiquaient des envoûtements, composaient des drogues toxiques.

Cet univers n'était pas étranger à la régente, dans lequel ses origines florentines l'avaient bercée dès sa plus tendre enfance, car elle avait évolué au beau milieu du monde interlope des complots, des intrigues, des trahisons.

Dans un bric-à-brac de cornues, de caquelons, de creusets, parmi d'innombrables ustensiles posés sur des bahuts ou des coffres, suspendus aux solives du plafond, jouxtant des parchemins encombrés de symboles cabalistiques, de dessins des signes du zodiaque et de thèmes astrologiques de naissance, se balançaient des squelettes d'animaux, des racines séchées, des écheveaux de corde, alors que dans des bocaux, des fioles et des pots s'entassaient des poudres de curieuse couleur, à l'aspect suspect, peut-être des minéraux pilés, des champignons déshydratés, des cornes d'ivoire broyées, ainsi que des substances épaisses, gluantes, opaques, qui fleuraient l'hérésie.

Sur des étagères poussiéreuses posées en quinconce, s'alignaient sachets, boîtes et moult ingrédients peu identifiables, dispersés sur des soucoupes de grès.

Les magiciens concoctaient dans la pénombre de ce réduit le fruit des produits de leurs recherches, penchés sur leurs fourneaux, leur palimpseste à la main.

Au sein de cette atmosphère confinée, ils distillaient toutes sortes de breuvages, ils confectionnaient de multiples onguents, pommades, emplâtres et autres remèdes.

Ils préparaient peut-être également des poisons, et leur relation avec le parfumeur fournisseur officiel de la Cour, le dénommé René, connu comme le loup blanc des initiés, laissait penser à de répréhensibles activités.

Ce droguiste était vivement soupçonné d'avoir inventé le légendaire « élixir à successions », et il avait même été accusé de la disparition de Jeanne d'Albret, mère de Henri IV, morte empoisonnée.

Il faut avouer que, durant le XVIe siècle, la fabrication de poison avait été quasiment promue au rang d'art, une pratique qui avait atteint un point de perfection optimal en certains pays.

On supposait que l'Italie exerçait une primauté inégalée en ce domaine. Qu'elle y excellait avec le même brio, universellement admiré, que dans le savoir peindre des fresques, dessiner des jardins, organiser des fêtes, monter des ballets, représenter des spectacles, jouer de la musique, construire des palais… et diriger, d'une poigne de fer dans un gant de velours, sans aucun scrupule, la politique d'une ville, ou plus d'une province.

Cette discipline terrible, horrible, pénible dans ses effets, avait été élevée à un si haut degré, sous le soleil toscan, à Florence surtout, que l'adage qui voulait que tous les moyens étaient bons pour arriver à ses fins valait aussi en cette matière.

N'importe quel geste, d'ordinaire anodin, était susceptible de transmettre les pires maux aux victimes de surprenants bourreaux de salon, telle une jeune femme au charme indéniable, tendant à un bel aristocrate une pêche découpée avec la lame d'un couteau à moitié trempée dans le poison, qui s'en réservait la partie saine et donnait la mort avec l'autre.

On rivalisait d'ingéniosité pour inventer d'incessants stratagèmes. Une paire de gants exhalait des senteurs qui s'infiltraient par les pores de la peau, inoculant une maladie inexorable. On camouflait des principes très nuisibles dans les bouquets de fleurs naturelles qui, respirées l'espace d'un instant, octroyaient la mort.

Difficile de sortir indemne d'un tel univers, d'un climat à ce point délétère !

Sitôt qu'une question la tarabustait, qu'un souci la tracassait, qu'un problème la tenaillait, Catherine de Médicis consultait ses devins, elle interrogeait fiévreusement la voûte céleste, elle mandait le plus illustre des prophètes de son temps, Nostradamus.

On la croyait sans cesse en train de conspirer, on l'imaginait tramer des scénarios gigantesques, dantesques. Ses descendants n'étaient d'ailleurs pas les derniers à s'en méfier…

On la disait davantage attachée à Cosme Ruggieri, son inséparable, son indispensable, son infréquentable astrologue, qu'à ses enfants.

Comment ne pas envisager, en pareilles circonstances, divers instruments de magie, des flacons, des fiasques, maintes potions, mixtures, pharmacopées, des grimoires griffonnés, griffés de calculs énigmatiques, enfermés discrètement à double tour, à l'abri des regards soupçonneux, derrière le paravent des portes lambrissées ?

En l'absence des frères Ruggieri, restés à Paris pour œuvrer à leurs recherches ésotériques, dans leur obscur laboratoire, ce cabinet ne devenait-il pas l'endroit discret, commode, idéal à qui voulait fomenter de vilains desseins !

Les placards à poisons resteront éternellement muets car, si les murs ont des oreilles, les armoires n'ont pas de bouche ! Quel dommage !

Le mystère qui plane toujours autour de certaines disparitions ne sera sans doute jamais dissipé…

VENDÔME LA FONDATION MERVEILLEUSE DE L'ABBAYE BÉNÉDICTINE

Vendôme, en bordure du Loir si pittoresque – qui déroule nonchalamment les boucles souples de son ruban argenté, nouant moult flots gracieux autour de ses ponts, et de ses quartiers anciens non moins séduisants –, a connu des pages bien sombres au cours de sa longue histoire. En outre, des incendies dramatiques ont décimé maints lieux de culte et maisons.

La cité a également eu maille à partir avec des seigneurs au caractère ombrageux et quelque peu belliqueux.

Ainsi Geoffroy Martel, comte d'Anjou, régna-t-il sur la contrée, au milieu du XIe siècle, après des démêlés familiaux houleux avec son neveu, surnommé Foulques l'Oison, du fait que l'oncle en question l'avait dépouillé de son nid d'aigle et lui avait coupé les griffes… pour ajouter ce castel à la liste, déjà innombrable, de ses biens et exercer sa souveraineté, sa suzeraineté sur le Vendômois.

Sitôt le château conquis, son nouveau propriétaire s'empressa de convoquer ses vassaux afin de les mettre à l'ouvrage. Ils avaient pour tâche de renforcer l'appareil défensif de la demeure.

Dès le lendemain, une cohorte de journaliers et de maçons, de tailleurs de pierres vives, ainsi que des gens des feudataires voisins, se déployèrent sur le site qui ne fut plus qu'un immense chantier en constante effervescence.

D'un côté, c'étaient de jeunes hommes vigoureux qui transportaient sur leur dos caillasses et mortiers qu'ils livraient au sommet de la colline, de l'autre des apprentis qui se précipitaient çà et là pour apporter des pelles, des pics et des pioches aux artisans, leurs maîtres, affairés à creuser des fondations ou bien des hoyaux, afin d'ouvrir une brèche dans un mur d'enceinte à consolider avec des fers.

Alors qu'il était de retour dans le donjon de son castel pour surveiller l'état d'avancement des travaux et s'assurer de leur solidité, le soir et le calme revenus, Geoffroy se mit à une des fenêtres du logis, en compagnie de sa fidèle femme, Agnès d'Aquitaine, pour admirer la beauté du panorama, et ils contemplèrent tous deux, dans le silence de leur intimité retrouvée, le vallon voisin dont les contours commençaient doucement à bleuir, puis à s'obscurcir à cette heure si étrange qu'on dit entre chien et loup.

Mais quelle ne fut pas leur surprise d'apercevoir soudain, au cœur de la pénombre, des traînées, des taches, des traces de lumière scintillante ! Ils crurent d'abord à la présence de feux follets, rôdant au-dessus du marécage.

Pourtant, bien vite, ils durent se rendre à l'évidence : ce phénomène n'était point le fruit du hasard car le paysage qui s'étalait sereinement sous leurs yeux avait, par trois fois, fait l'objet d'une sublime illumination, qu'ils jugèrent promptement d'origine divine.

« Ma mie, ne pensez-vous pas que ces lumignons, sortis par miracle des tréfonds de cette terre stérile et hostile, sont un signe du ciel et nous invitent à bâtir en cette place un oratoire ?

— Mon cher époux, je partage votre avis, et nous devrions, sans attendre, faire édifier en cet endroit une église dédiée à la sainte Trinité.

— Et un moustier pour les moines bénédictins de Marmoutier ! »

Leur décision était prise, sûre et irrévocable.

C'est ainsi que les habitants de Vendôme virent s'élever avec diligence, en quelques années seulement, une splendide abbaye que Geoffroy Martel dota généreusement – était-ce pour obtenir le salut de son âme dans l'au-delà ? – de richesses considérables et à laquelle il octroya, par mesure de précaution, une totale indépendance, visant à la soustraire à tout pouvoir temporel, avec la papauté pour seule autorité.

La tradition relate que ce comte d'Anjou déposa, dans le chœur de ce sanctuaire, un précieux trésor, le triple reliquaire en or où était conservée, dans une ampoule de cristal, une larme du Christ que les pèlerins vinrent vénérer, des dizaines et des dizaines de décennies durant, de tous les coins de la chrétienté.

SERRANT
LA PROPHÉTIE DE JEANNE

Drapé dans son élégant manteau de schiste gris et de tuffeau éburnéen, ceinturé de douves aux eaux miroitantes, ce somptueux château princier, aux tours d'angle couronnées de dômes ardoisés, a fière allure au côté du clos de la Coulée-de-Serrant. Un bien savoureux voisin, prodigue pourvoyeur d'un prestigieux et plaisant vin blanc.

Les murs de cet altier et imposant bâtiment n'ont pas manqué d'accueillir des hôtes illustres parmi lesquels Louis XIV, Napoléon ou la duchesse de Berry.

Le lieu, au cours de son histoire, riche et parfois tragique, a compté maints propriétaires dont le fameux duc de La Trémoille, auquel il échut par alliance en 1830. Ses descendants menaient dans ce cadre privilégié une existence sereine et féconde, à l'écart des dangers d'un monde immonde.

Or, le 9 décembre 1933, coup de tonnerre, pour ne pas dire coup de Trafalgar ! Les habitants du château, effarés et affolés, apprennent une consternante nouvelle. Le jeune duc, dernier du nom, vient de périr dans un incendie, en Angleterre.

On s'émeut, on frémit, on pleure.

On se lamente, on se révolte puis soudain on se souvient.

Les langues se délient, on reparle de la fameuse prophétie prononcée, que dis-je, proférée il y a bien longtemps déjà mais que personne n'a jamais oubliée car transmise de génération en génération avec une certaine appréhension.

Georges de La Trémoille, lointain ancêtre du jeune homme, était un favori du roi Charles VII. Non seulement il avait abandonné Jeanne d'Arc aux mains des Anglais mais il avait également déconseillé à son souverain de payer la rançon exigée par l'ennemi pour la libération de la bergère de Domrémy, capturée devant Compiègne.

La légende rapporte que Jeanne, ainsi trahie, avait prédit que la lignée de ce traître connaîtrait le même sort funeste qu'elle et s'éteindrait dans les flammes.

Cinq siècles plus tard, la famille de La Trémoille, l'une des maisons les plus prestigieuses de France, tombait en quenouille, selon l'expression consacrée, se voyant condamnée à disparaître en même temps que ce jeune homme, faute de postérité, faute d'héritier mâle.

Cette extinction fut l'impitoyable sanction encourue pour l'infâme faute commise par un aïeul peu visionnaire, un brin sectaire, un demi-millénaire auparavant.

USSÉ
LA BELLE AU BOIS DORMANT

Taquiné par les muses, Charles Perrault songeait déjà à l'écriture d'un nouveau conte. Il souhaitait évoquer l'histoire d'une gracieuse princesse endormie cent ans durant et qui serait réveillée par un prince charmant.

Il se plaisait à imaginer le début de son récit :

« Il était une fois un roi et une reine fort tristes de ne point posséder de progéniture. C'est pourquoi sources, fontaines et chapelles les voyaient s'incliner et s'user en prières, présents et promesses, espérant probablement de la providence un prodige.

À la parfin, après maints dévotions, pèlerinages et offrandes, une ravissante poupée que l'on n'attendait plus vint égayer de ses sourires et babillages le quotidien de ses parents réjouis. »

À ce moment précis, notre écrivain se souvint de son séjour au château d'Ussé. Il situa donc la scène dans une des salles de ce lieu magnifique où il avait lui-même participé à un banquet, et continua de rédiger :

« Bientôt le baptême du bébé réunit dans le manoir décoré de tapisseries et de guirlandes de fleurs et de rubans, parmi l'assemblée des convives, toutes les fées du pays, au nombre de sept, pressées de lui faire un don, chacune à son tour, selon la tradition, conférant par ce geste à la petite princesse pléthore de perfections. »

Il nota alors la seule ombre au tableau de cette joyeuse journée, l'arrivée d'une intruse, décidée à perturber la cérémonie, une magicienne d'un autre âge que l'on croyait disparue et qui jeta un mauvais sort à la bambine.

« Icelle se piquera la main avec une aiguille et en mourra. Une autre enchanteresse, bienveillante celle-ci, brisa aussitôt le maléfice, commuant l'endormissement éternel en un sommeil seulement séculaire, ce qui était déjà bien long.

Le roi, alarmé, bouleversé, terrorisé, tenta de protéger sa progéniture de ce désastreux destin en prenant une série d'édits inédits, interdisant à quiconque de l'approcher, mais la méchante sorcière veillait…

La demoiselle, un jour d'imprudence, admirant l'ouvrage d'une vieille dame et voulant l'imiter, hélas, se blessa au doigt ! La princesse perdit immédiatement connaissance.

Et la terrible tragédie de s'accomplir.

Toute activité dans la demeure fut incontinent suspendue. »

Le conteur se félicitait d'avoir choisi ce castel qui, flanqué de ses moult tourelles, clochetons, cheminées et flèches, arborait une allure féerique.

Un palais féodal idéal, comme l'aurait dessiné tout auteur un brin romantique…

Charles Perrault souriait, satisfait.

Il se représentait le gentilhomme, chevauchant son altier destrier, découvrant soudain cet endroit magique muché derrière des bosquets, des haies, des ronciers. Une vision mirifique ! « Le cavalier, captivé, décida d'approcher malgré la végétation dense, impénétrable, infranchissable et, interloqué, vit les branches des immenses arbres se redresser, les lianes des buissons se dénouer, les herbes folles s'écarter pour lui livrer passage puis reprendre aussitôt leur place initiale. Intrigué, il franchit timidement le seuil de la propriété.

Un silence de plomb pesait partout, jusque dans les moindres recoins de la bâtisse. La camarde semblait avoir jeté un voile de mystère sur toute la maisonnée. Des corps immobiles jonchaient le sol, mais le prince croyait pourtant déceler, grâce à de discrets indices, quelques signes de vie sur leurs traits figés.

Les coupes, renversées sur les tapis maculés de gouttes de vin séché, indiquaient que les gardes s'étaient endormis en plein festin.

Ses pas le conduisirent jusqu'à une chambre poudroyante d'or. Sur un lit à baldaquin, il aperçut une belle inconnue assoupie. De son visage radieux émanait une lumière quasi divine. Le futur roi resta coi, sans voix, tout en émoi. Il se jeta à ses pieds, éperdu. L'heure de la fin du sortilège ayant sonné, la mignonne sortit de sa léthargie. L'héritier du trône la contemplait, ému.

"Seriez-vous par hasard mon prince ?" lui demanda-t-elle, impatiente de faire connaissance avec ce jeune homme de haute naissance chargé de la délivrer.

Le seigneur, touché par la question, brûlait du désir ardent de lui déclarer sa flamme. Son tendre aveu, teinté de maladresse, ne manqua pas de troubler la princesse, elle qui avait eu tout loisir de réfléchir à son avenir et aux paroles qu'elle prononcerait lorsqu'un charmant galant se pencherait au-dessus d'elle. Les tourtereaux discutaient à bâtons rompus. Au bout de quatre heures, ils n'avaient échangé que la moitié des confidences qu'ils espéraient partager. »

Charles Perrault, sceptique, médite. Quelle sera l'issue de ce récit ? Comment le dauphin va-t-il annoncer ses fiançailles à la régente, sa mère, une marâtre, une mégère… pire une ogresse qui n'a, dans son existence, qu'un seul souhait, sinistre…, dévorer des enfants cuisinés à la sauce Robert ou rôtis comme des poulets ?

Le conteur se gratte l'occiput. Il saisit sa plume d'oie et reprend le cours du récit. « Le prince, après avoir soupé en compagnie de sa dulcinée dans un splendide salon garni de miroirs, songea à retourner en ville. Il voulait rassurer son père qu'il devinait particulièrement inquiet. De retour au château paternel, il expliqua à ses parents qu'il s'était égaré au plus profond de la sylve au cours d'une battue impitoyable mais, bien qu'il respectât et aimât sa génitrice, il se refusa à lui révéler son doux secret… »

Nostalgique, l'auteur se remémore quelques moments savoureux passés chez ses amis, dans le décor féerique du château d'Ussé, et se laisse aller à la rêverie.

BRÉZÉ
LE SANGLIER DE L'ANJOU

Il est en Anjou un château insolite, troglodyte.

Troué, traversé, truffé de cavités. À l'origine creusé dans le tuffeau, il s'est vu souvent consolidé, transformé, fortifié au cours des siècles.

Dans ce laborieux lacis de labyrinthes, il faudrait dérouler un fil d'Ariane pour ne pas se perdre.

C'est au cœur de ce lieu, ô combien mystérieux, que fut baptisé Urbain de Maillé-Brézé, en l'an de grâce 1598.

L'enfant appartient à cette antique noblesse de chevalerie dont les ancêtres se sont illustrés lors des croisades.

Le jeune marquis épousera Nicole du Plessis-Richelieu, sœur cadette du cardinal.

Il connaît ensuite une brillante carrière, une réussite sans faille, les honneurs les plus insignes. Il amasse décorations et titres honorifiques. On lui reconnaît d'immenses qualités de fidélité, de témérité, d'ingéniosité, même si on lui reproche parfois une certaine impulsivité… et de mener un train de vie princier !

Entouré d'une escouade de domestiques, il compte pour son service privé non seulement un écuyer, un procureur fiscal, un secrétaire ordinaire, mais également un chirurgien qui lui est personnellement attaché, un maître d'hôtel entièrement dévoué et bien d'autres personnes particulièrement pressées de satisfaire ses moindres volontés.

Le marquis devenu maréchal de France, puis diplomate, gouverneur, haut personnage de l'État que le roi reçoit, dispose d'un hôtel particulier à Paris. Il est de surcroît considéré comme tout puissant en Anjou.

Mais Urbain de Maillé-Brézé est un personnage original, déconcertant et parfois ombrageux.

À la mort du cardinal de Richelieu, il tombe en disgrâce et son caractère se renfrogne. Veneur impénitent, il tente d'oublier ses déceptions – la disparition de son fils et les déboires conjugaux de sa fille – en organisant de démentielles parties de chasse.

Ains au fil du temps, tel un animal traqué, il se sent dépossédé par les paysans et les pauvres de la contrée. Il entame alors de sinistres campagnes de dénigrement à l'encontre des seigneurs du voisinage. Son attitude agressive lui vaut mille inimitiés car ses gardes brutalisent les manants, abattant leurs chiens et brisant leurs armes.

Une hostilité unanime s'exprime contre cet homme sournois qui ne manifeste aucune pitié. Dès lors une légende noire naît autour de tous ses faits et gestes. On le soupçonne de fabriquer de la fausse monnaie au fin fond des insondables souterrains du château, oubliant qu'il avait obtenu le privilège, rare, de battre des pièces.

La jalousie et l'envie sont souvent nuisibles conseillères. En outre, les refuges taillés dans la pierre génèrent des peurs ancestrales.

On chuchote que les pièces remplaçant les livres tournois sont de mauvais aloi. On murmure que le conseiller est ruiné à force de dépenses outrées et qu'il s'est retiré dans ses caves pour échapper à ses créanciers. On colporte qu'il s'est emparé d'un véritable trésor entreposé à Saumur.

On commente abondamment cette phrase qu'il a fait graver au-dessus de la porte d'entrée du château :

« Dans ce lieu de repos, on ne veut point de bruit,

Et nul n'y doit entrer qu'invité ou conduit. »

On fantasie à l'envi sur le pourpris. On prête à son occupant des activités forcément louches, des visites nécessairement répréhensibles, des projets évidemment inavouables.

Bref, on dit pis que pendre de ce solitaire blessé qui ne mérite certainement pas un tel opprobre et qu'on surnomme « le sanglier de l'Anjou ».

CHENONCEAU
LE CHÂTEAU DES DAMES

Cette demeure, remarquable à plus d'un titre, est un joyau de l'architecture Renaissance édifié dans le lit du Cher sur les piles d'une passerelle prélude, d'abord métamorphosée en moulin fortifié, avant de devenir cette résidence exceptionnelle.

C'est Catherine de Médicis qui fit édifier, sur le pont de Diane, deux galeries superposées, donnant ainsi au chastel son aspect actuel, conférant, à cet espace de réception unique, une touche de préciosité féminine rare.

Elle y organisa des fêtes mémorables, inédites, des triomphes, disait-on, souvent en l'honneur de ses enfants. Elle reçut solennellement le couple princier formé par Henri II et Marie Stuart, un dimanche de fin mars 1560. Des ornements somptueux, d'inspiration mythique, avaient été exécutés par d'innombrables artistes, peintres, sculpteurs, et les invités esbaudis, ravis, réjouis même, déambulaient dans une débauche de décors de fantaisie, fontaines, statues, obélisques, colonnes, autels, le tout à l'antique et débordant d'emblèmes légendaires ou de citations littéraires.

Ce n'est pas un hasard si ce pourpris fut surnommé « le château des dames », car il doit à ses propriétaires successives sa singulière destinée. Ces gentes figures l'ont fondé, habité, restauré, aimé, protégé et par sage précaution préservé, par leur présence attentive des conflits et hostilités belliqueuses, pour le transformer en un lieu de sérénité, baigné par les eaux paisibles de la rivière, superbe sautoir, scintillant de ses milliers de gouttes de diamant, sur l'écrin de velours prasin des prairies.

Impossible quand on visite les salles, cabinets et vestibules de ce superbe bâtiment de ne pas sentir une ombre se glisser derrière une tapisserie, se faufiler dans un escalier, se mucher sous le manteau d'une cheminée.

En quittant la chambre de Louise de Lorraine à l'atmosphère si étrange, comment ne pas imaginer le fantôme de cette reine pleurant son mari, Henri III, sauvagement assassiné en 1589, et toujours tout de blanc vêtue, s'échapper de cette pièce aux lambris teintés d'ébène, au plafond et aux murs parés de symboles funéraires, os de mort et tombeaux, larmes d'argent, couronnes d'épines et cordelières de deuil, venant d'abandonner son prie-dieu tourné vers la fenêtre pour aller rejoindre les religieuses qui vivaient auprès d'elle, après la disparition de Catherine, et se fondre et confondre en patenôtres !

Comment ne pas reconnaître au détour d'une allée la silhouette de Diane de Poitiers, jeune et jolie veuve du vieux maréchal de Brézé, duchesse de Valentinois, se promenant dans le jardin qu'elle a dessiné, respirant le parfum d'une rose, cueillant une grappe de raisin, admirant les parterres abondamment fleuris d'une terrasse.

Le promeneur se remémore alors le portrait de cette remarquable aristocrate en diane chasseresse, exposé dans la chambre de François Ier. Il croit également l'apercevoir, un peu plus tard, près du quai de débarquement jouxtant les cuisines, qui permettait d'y acheminer directement les victuailles, encore appelé Bain de Diane, toujours en référence à la légende.

Car la mythologie est partout… Et bienheureux le passant qui distinguera, dans les brumes matinales d'une journée d'automne, le spectre fameux d'une nymphe, armée de son carquois, et penchée sur le miroir de l'onde profonde !

MONTSOREAU
LA DAME DE MONSOREAU

À mi-chemin entre Tours et Angers, dominant le fleuve royal, le charmant village de Montsoreau rime avec tuffeau et coteau.

Arraché à la pierre et aux carrières sur l'arrière, il dégage une atmosphère particulière de mystère. Que se passe-t-il derrière ces fenêtres, ces portes, ces escaliers découpés à même la falaise, hantés autrefois par pêcheurs, paysans et perreyeurs ?

Quel secret cache encore ce monde souterrain ?

Et ce château, perché sur son éperon rocheux, qui a la Loire pour écrin, la Loire pour jardin, la Loire pour bassin, conserve-t-il, muchées dans le mutisme de ses murailles, les aventures de ses hôtes passés ?

Résidence Renaissance de plaisance côté cour, forteresse médiévale côté port, la place connaît maishui un sort de gloire grâce aux déboires notoires de l'une de ses occupantes, immortalisée par Alexandre Dumas.

Qui ne frémit à l'évocation de la tragédie vécue par la dame de Monsoreau ?

Chacun a gardé au tréfonds de sa mémoire le souvenir d'une femme pathétique, d'un personnage énigmatique, d'une héroïne au destin tragique, mêlée à de sombres intrigues, complice d'un assassinat sordide, victime de vengeances démoniaques…

En tout visiteur de ce site somptueux sommeille un lecteur – ou du moins un amateur – d'histoires palpitantes de cœur, de complots et de crimes, fortement fasciné par le fantôme de Diane de Méridor, qu'il espère croiser au fond d'un corridor désert ou dans le merveilleux décor d'une salle d'apparat.

Mais soudain le doute le saisit. Cette fameuse dame a-t-elle vraiment existé ?

Il se tourne alors vers la guide pour étancher sa curiosité.

« Oui, bien sûr. Cette belle aristocrate, déjà veuve à vingt printemps, a épousé Charles IV de Chambes, propriétaire du château en 1575.

— Contrainte à convoler, nous dit le livre…

— C'est à cet instant que commence le récit légendaire, l'interprétation de Dumas qui a voulu piquer de péripéties pétillantes le quotidien de son personnage.

— Et son mari était-il aussi jaloux que le dessine Dumas ?

— Oui, et surtout il était très épris de Françoise. Sa passion l'a aveuglé. Remarquez en outre que l'écrivain a baptisé notre dame d'un prénom mythologique – Diane – et a également métamorphosé son patronyme en jetant le "t" aux oubliettes !

— Ce sont des détails qui ne portent pas à conséquence. Par contre, le comte apparaît sous des traits peu flatteurs ! » s'exclame le viateur.

Alexandre Dumas a outré les caractères de ses protagonistes. Il a aussi pris quelques libertés à l'égard des vérités historiques. Il a délibérément fait passer le comte pour un personnage brutal, odieux, méchant, cristallisant tous les défauts de l'humanité, et son épouse pour un laideron, une peste, une inconstante, évidemment de mèche avec lui afin d'ourdir une terrible trahison, le meurtre de Bussy. Et notre auteur a brossé ce sinistre tableau, amputant la chronologie des faits de plusieurs années. Ce qui fausse tout de même la vision des choses. Et celle-ci n'a pas rencontré Louis d'Amboise, gouverneur d'Anjou, à Paris, mais au château de La Coutancière, près de Saumur, où elle aimait séjourner, notamment en été et durant l'absence de son mari, souvent parti guerroyer.

En revanche, si le comte de Monsoreau est paré de toutes les laideurs, toutes les noirceurs, toutes les horreurs, de Bussy est gratifié de mille qualités, dont courage, grâce et vertu que contesteraient ses contemporains condamnés à payer l'impôt sans délai ni autre forme d'indulgence.

Ce qui explique probablement le penchant pour son présumé galant de la part de notre chère comtesse et les mésaventures qui s'ensuivirent. Après tout, si le beau sire ne s'était pas vanté de son succès auprès d'elle…

Certes le comte de Monsoreau en a pris ombrage et a décidé de lui tendre un piège pour le faire trucider avec la complicité de son épouse.

Encore qu'icelle ne semble pas avoir été au courant de ses mauvaises intentions ! Elle a accepté de lui écrire un courrier et de lui donner rendez-vous à Brain-sur-Allonnes, dans ce castel détruit depuis, sans soupçonner le moins du monde la machination machiavélique de son mari. Là, dix hommes l'attendaient qui se précipitèrent sur lui pour l'occire.

Pourtant, malgré le drame, ils vécurent heureux et eurent beaucoup d'enfants…

Le promeneur repart alors admirer des remparts le fleuve royal et le paisible panorama embrassant du regard l'Anjou, le Poitou et la Touraine.

AMBOISE
LA CHAPELLE DE DENTELLE

Au château d'Amboise, il est une chapelle de belle dentelle ornée, aux sculptures taillées dans la craie de Touraine.

Anne de Bretagne aimait à se recueillir dans ce sanctuaire, bâti selon le vœu du roi Charles VIII, son époux.

Cette merveille de l'art gothique flamboyant, édifiée à la fin du XVe siècle – que Léonard de Vinci se plaisait à contempler de sa fenêtre du Clos-Lucé et dont l'abside marque saillie à l'aplomb des remparts –, surprend par sa situation spectaculaire, au faîte du rocher.

Cet oratoire est dédié à saint Hubert, fêté le 3 novembre avec grand apparat, comme en témoigne le linteau qui en couronne la porte d'entrée et représente le miracle de la conversion d'Hubert, en hommage à ce seigneur, fils de Bertrand d'Aquitaine et descendant de Clothaire et de Clovis.

Ce jeune homme, qui vécut au temps des rois fainéants, menait une existence mondaine, facile, insouciante.

Bénéficiant d'une santé robuste, il passait des journées entières à parcourir garennes, landes et halliers, à traquer lapins, loups, sangliers. Il n'était de retour qu'à la nuit noire. Il s'occupait de l'élevage et du dressage de ses chiens, lévriers et griffons, et de l'affaitage de ses oiseaux de proie, des gerfauts de Meuse pour la plupart. Il s'exerçait aussi longuement au maniement des armes, la lance, l'arc et la hache.

On lui savait cet engouement certes débordant, dévorant, désolant, mais débellatoire pour ces passe-temps. Pourtant on lui reconnaissait une certaine sagesse, le sens du devoir, une probité inégalée. Ains il ne s'adonnait à aucune pratique religieuse, étant trop passionné de vénerie pour adorer Dieu.

Il avait totalement oublié le catéchisme enseigné par sa tante Ode, qui avait veillé à son éducation à la mort de sa mère.

Tôt le matin, un jour de Noël, alors qu'il se consacrait sans compter à son loisir favori, en quête de nouveaux gibiers, et ce malgré les nappes de brouillard flottant au-dessus des rivières, les flocons de neige voltigeant dans le ciel pommelé, les branches ployant sous les cristaux de givre, Hubert eut soudain une vision prodigieuse. Là, tout près, à seulement quelques pas, se tenait devant lui un cerf dix cors d'une blancheur immaculée, d'une taille extraordinaire, d'une majesté exceptionnelle. Hubert ne se lassait pas de l'admirer.

Tout à coup, l'animal l'aperçut et prit la fuite. Notre cavalier se lança aussitôt sur ses traces.

La course effrénée dura longtemps mais le cervidé ne montrait aucun signe de fatigue. Il entraîna son poursuivant jusque dans les profondeurs de la sylve.

Hubert, quant à lui, commençait à ressentir quelques douleurs mais il était bien décidé à poursuivre sa proie jusqu'au bout.

Il allait presque rejoindre l'animal quand subitement celui-ci fit volte-face et s'arrêta net.

Alors le chasseur eut une apparition éblouissante. Il distingua entre les cornes de cette bête immense, dans un rai de lumière, une image du Christ en croix. À ce moment même tonna dans le ciel une voix lui enjoignant :

« Hubert ! Quand cesseras-tu de pourchasser ainsi les animaux ? Jusqu'à quand ce terrible penchant t'empêchera-t-il de songer au salut de ton âme ? »

Le jeune homme, pétrifié d'effroi, jeta un genou à terre et s'exclama :

« Seigneur, que me faut-il faire pour te plaire ?

— Rends-toi auprès de Lambert, mon évêque à Maastricht. Repens-toi alors de tes péchés et suis son enseignement. Tu éviteras de la sorte d'être damné pour l'éternité ! »

Hubert acquiesça avec force et fougue.

« Seigneur, je vous obéirai et me montrerai digne de votre confiance ! »

L'élu de Dieu évangélisa les régions les plus hermétiques, les plus hérétiques, les plus hésitantes. En un mot les plus hostiles. Nombreux furent les païens ébranlés dans leurs convictions qui abandonnèrent sans regret leurs idoles pour le suivre. Longtemps il poursuivit sa mission… Un jour advint…

Le jeune aristocrate avait tenu sa promesse, si bien qu'à la mort de Lambert, assassiné par des païens, il fut désigné comme son successeur.

Or le pape saint Serge émit le vœu de sacrer de ses propres mains cet apôtre du Seigneur si zélé. Mais quand Hubert, à son retour de Rome, souhaita revêtir les ornements sacerdotaux de son prédécesseur, il lui fut impossible de retrouver son étole.

« Le ciel me considère-t-il donc comme indigne de porter cette marque épiscopale ? »

À peine eut-il énoncé ces mots qu'un ange lui apparut nimbé de lumière. Icelui lui présenta l'étole blanche tissée d'or par la Vierge Marie. Puis le portier du paradis en personne lui remit une clef, symbole de son nouveau don de calmer les possédés, les aliénés et les enragés. Il accomplit force miracles, redonnant notamment la vue aux aveugles.

Il menait désormais une existence édifiante, pratiquant la charité, l'humilité et l'hospitalité qui le menèrent vers la sainteté.

Mais avec les années qui passaient, lourdes de multiples labeurs, Hubert souffrit de douleurs lancinantes, invalidantes, qu'aucun remède ne parvenait à soulager.

Il pressentit sa fin prochaine.

Sa disparition engendra un deuil universel et de nombreux sanctuaires lui furent dédiés, telle cette belle chapelle de dentelle.

SAUMUR
LE CHÂTEAU D'AMOUR DU BON ROI RENÉ

La longue existence du bon roi René semble pavée de bonhomie et de bonnes intentions, de bonnes inventions aussi.

Ami des peintres et des poètes, artiste d'un goût très sûr également, musicien chevronné, amateur averti de bonne chère et de bons mots, de plantes rares, de bêtes fauves et de beaux livres qu'il collectionnait sans retenue, ce seigneur de grande lignée aimait les jeux, les joutes, les jongleries… et, par-dessus tout, les tournois.

C'est ainsi qu'il organisa un pas d'armes, à Chinon, dit l'Emprise de la Gueule du Dragon, qui est resté gravé dans les mémoires et les grimoires.

La chevalerie et ses figures, ses rites et ses valeurs l'intéressaient considérablement et l'aidaient sensiblement à triompher des moult revers et autres déceptions qu'il avait rencontrés, affrontés et supportés, au cours des épisodes relativement mouvementés de son épopée personnelle.

Attentif à l'architecture et à l'apparence de son château, le roi René a tenu à lui attribuer altière et aérienne allure en veillant à la rénovation des toits et des tours, ce qui conféra un air de merveille à ce chastel, assis sur le bord de la Loire.

Cet héritier chanceux d'un chapelet de royaumes, de duchés et de titres – duché de Bar, marquisat de Pont-à-Mousson, duché d'Anjou, comté de Provence, royaume de Sicile, d'Aragon et de Jérusalem –, pétri de récits et de rêves chevaleresques, est très tôt décrit par les chroniqueurs de son temps comme un souverain débonnaire, dispensant sans compter de nombreux bienfaits à son peuple.

La légende est dès lors ensemencée et elle ne fera que croître au fil des ans.

C'est ainsi qu'on lui attribue la fondation d'une république de l'Île d'Or, regroupant marins et pêcheurs, dont il confie la présidence à un brave homme, nommé Pharouelle, qu'il a lui-même sauvé de la noyade. Une action d'éclat, un état et une victime dont on n'a jamais retrouvé la moindre trace !

Le XIXe siècle, épris d'histoire médiévale, et notamment de gothique troubadour, a amplement conforté ce mécène polyglotte et philosophe, érudit à la personnalité complexe, dans son inébranlable statut de modèle de monarque idéal, en enjolivant les actes de sa vie quotidienne de prince soucieux du bien-être de ses sujets…

Sa résidence ligérienne de Saumur bénéficia du même engouement et fut promue en palais parfait, abondamment représenté dans moult recueils d'enluminures.

FOUGÈRES-SUR-BIÈVRE
LA CHÂTELAINE PRISONNIÈRE

Quelle surprise de découvrir, solidement campée au cœur d'un petit village solognot, une forteresse pittoresque, une image féodale idéale !

Que l'on croirait découpée dans un manuel scolaire d'école primaire tant elle correspond à un souvenir prégnant d'aventures chevaleresques, réunissant dans une vision idyllique Robin des bois, Ivanhoé et Lancelot, chevauchant à travers la forêt pour rejoindre un château fort conforme aux rêveries enfantines.

Avec pont-levis, poterne, donjon, coursive, créneaux, meurtrières et mâchicoulis, côté façade, tous les poncifs du système défensif castral. Côté cour, il n'offre pas moins de motifs distinctifs : tours et tourelles, logis et galeries, pavillon et chapelle, une plaisante forêt de décrochements, fantaisie de toits capuchonnés de cabochons d'ardoises, au cachet admirable.

Ce château, détruit dans les années 1350, par les Anglais au cours de la mémorable guerre de Cent Ans, fut rebâti dans le dernier tiers du XVe siècle.

Lors des travaux initiaux, on tient à lui restaurer son aspect militaire et il est doté de fossés, de chemins de ronde, de canonnières.

Puis au fur du temps, on l'agrémente d'ajouts architecturaux plus gracieux, à la fonction ornementale, des caractéristiques esthétiques magnifiques, telles une élégante galerie à arcades, des fenêtres à meneaux, décors de pilastres à rinceaux et de chapiteaux sculptés d'époque Renaissance.

Cette belle construction de plaine, dont les éléments défensifs valent par leur évocation emblématique de signes extérieurs d'autorité, de supériorité, de spécificités seigneuriales, se pose comme une bâtisse de terroir peu ostentatoire dont seuls les chaînages d'angle et les encadrements de porte sont réservés à la pierre taillée, les murailles se voyant composées de moellons de calcaire dur, originaires de la Beauce, liés au mortier et recouverts d'un enduit coloré, alors que le tuffeau clair des bords du Cher reste la tendre ossature des moulures et des sculptures.

D'emblée, on ne soupçonnerait pas qu'une tragédie effroyable s'est nouée dans ses murs, il y a des lustres.

Cette imposante mais séduisante demeure possède depuis presque un millénaire des liens historiques, organiques et symboliques avec la fameuse figure féerique de Mélusine.

En effet, Eudes de Déol, digne et dispos descendant de notables de Fougères, avait pris pour épouse, en l'an de grâce 1212, Agnès de Lusignan, dont la parentèle s'enorgueillissait de compter, parmi ses illustres ancêtres, la célèbre enchanteresse.

On l'observe encore sur la clef de voûte de la chapelle jouxtant le château, représentant le blason des Villebresme, « d'or au dragon de gueules membré d'azur », possesseurs des lieux deux siècles durant.

Hideux, le serpent saurien sommeille non loin de la Bièvre qui semble bien désertée maishui par les castors. Peut-être ont-ils été apeurés par l'avatar de Mélusine qui, devenue douloureuse dame blanche, après un envol, hante les noirs couloirs du manoir.

Cette jeune femme, fière et fine fille du seigneur de Malleval, se désespérait, alors qu'elle avait à peine vingt printemps, de n'avoir point de fils de son vieux et vil mari.

Pendant la longue absence de messire de Villemore, parti guerroyer au loin, Yseule de Fougères occupait ses interminables heures de solitude à attendre son époux et entendre ses demoiselles lui conter de beaux récits d'amour et lui fredonner de tendres mélopées.

Quand elle entendit résonner les trompes un matin, elle se réjouit donc vivement du retour des combattants et se précipita pour organiser de plaisants dîners d'apparat.

Elle se dépensa en efforts innombrables pour métamorphoser les ors de ses appartements, pour les éclairer de lampes et de vitraux. Elle fit garnir les tables de festin de diverses et grasses viandes, venaisons et volailles apprêtées selon des recettes fort élaborées.

Selon l'usage de son époque, elle disposa hérons, cygnes et paons couverts de leur plumage, recouvrit les nappes des tréteaux et les carreaux de pavage de pétales de fleurs odorantes, aux effluves enivrantes et aux vertus purifiantes. Des eaux parfumées, le plus souvent à la violette, étaient répandues un peu partout dans la pièce.

Mais le châtelain, au lieu de se montrer tout en joie à la vue de ces joyeux préparatifs, conçut bientôt de bien vilaines pensées, sans bien-fondé. Il ne fournissait plus aucune énergie pour dissimuler sa mauvaise humeur.

De jour en jour, il devenait plus taciturne. Et comme il sombrait dans le silence, l'impatience, la violence, ses visiteurs et ses compagnons de combat redoublaient d'attention pour Yseule qu'ils craignaient de voir s'effondrer de désespoir.

Le poison de la jalousie s'était insinué dans le cœur de leur frère d'armes. Hélas ! le remède fut pire que le mal. Le vieillard prit davantage ombrage du clivage qui le séparait de sa charmante moitié que tous louaient pour sa loyauté, sa générosité, sa gaieté.

Malheureusement, tous ces trésors de compliments répétés à l'égard de l'innocente indisposaient le sire de Villemore qui ne cessait de l'observer, épiant ses moindres faits et gestes, toutes ses allées et venues, la manière dont elle s'habillait ainsi que ses parures.

Il tentait de l'espionner quand elle adressait la parole à un gentilhomme, s'appliquait à surprendre des bribes de conversation pour déceler le plus minime écart de langage, une plaisanterie familière ou une confidence trop intime.

Pourtant, malgré toutes ces manœuvres, ces manigances et ces agissements méprisables, le conjoint soupçonneux n'avait pu prendre Yseule en flagrant délit de duplicité. Elle était bien trop respectueuse de l'éducation qu'elle avait reçue dans sa prime enfance, et son caractère doux et aimant la portait plutôt à pratiquer la charité, la bonté, l'amitié.

Afin d'éviter à la jeune femme toute tentation de traîtrise, de trahison, le seigneur de Fougères la fit constamment surveiller par ses hommes, chassa ses fidèles damoiselles du castel, lui interdit tout lien avec ses pages, sauf à table, et encore à la seule condition que leur suzerain fût présent.

La vie allait ainsi son train depuis deux années entières, terne, triste, tourmentée, revêtant des allures lugubres, bourrues, où tout habituellement bascule en ridicules conciliabules, où tout recule, tout bouscule, tout gesticule…

Un soir d'automne, notre dame connut une étonnante mésaventure. Alors que depuis le début de la matinée, bravant en catimini les interdits de son mari, elle recevait la visite d'un page envoyé par une de ses amies de jeunesse – la châtelaine de Thymerais en Perche – et que l'angélus du soir n'avait pas encore sonné, tous deux entendirent retentir le son d'un cor, signalant du seigneur le retour imminent de sa sortie à la cour du roi Louis XI.

Le magnifique missel de miniatures enluminé qu'elle tenait entre ses mains, cadeau de sa compagne, vit son fragile vélin chuter à terre dans un mouvement soudain de panique. Le jeune messager – auquel Yseule avait commandé aussitôt de se musser derrière l'épaisse tapisserie tendue à même la muraille – n'ayant eu le temps de s'exécuter, messire de Villemore découvrit malencontreusement ce qu'il crut être le pot aux roses.

Transporté de colère et de rage, il tire d'un geste brutal sa dague de son fourreau, en menace sa femme qui a transgressé ses ordres, puis en transperce le flanc du page qui s'était jeté à ses pieds pour le supplier de lui pardonner sa conduite.

L'époux, qui se croyait bafoué, quitta les lieux sans un regard pour Yseule qui avait tenté en vain d'expliquer l'objet de la méprise et de convaincre son consterné conjoint.

Décidément le sort s'acharnait contre elle. Le vieux châtelain vint en personne l'enfermer dans une chambre secrète du donjon où l'on avait coutume de cacher les prisonniers. Elle séjourna trois longues années, trois interminables années, trois mortelles années dans cette pièce obscure, humide et isolée.

On raconte que l'infortunée maîtresse de céans eut la stupeur un beau jour d'entendre célébrer des funérailles et de constater qu'il s'agissait… des siennes !

Son fourbe de seigneur avait déclaré à tous ceux qui voulaient bien l'entendre que sa chère et tendre était passée de vie à trépas entre ses bras. Par ce macabre subterfuge, le madré voulait faire croire à son veuvage et détenir à loisir, sans frémir, sa captive sous sa tutelle.

La pauvre souffrait au plus profond de son être dans cette thébaïde. Elle ne recevait absolument aucun visiteur. Elle pouvait rester ainsi plusieurs semaines sans rencontrer âme qui palpite.

Personne qui vînt troubler sa solitude hormis le maître de céans, une fois par mois. Elle attendait avec impatience ce moment pour implorer la pitié du vieil homme. Mais ce dernier restait inflexible, prétextant qu'il lui était désormais impossible de revenir en arrière, tout le monde la croyant morte et enterrée depuis belle lurette. Il ne pouvait donc la soustraire à son destin.

Cependant, il compatissait et n'était pas tout à fait insensible aux promesses de celle qu'il aimait trop passionnément et qui s'escrimait en vain à défendre son honnêteté, qui s'inscrivait en faux contre les accusations mensongères du sordide sire.

Rien ne semblait pouvoir ébranler la volonté de son conjoint. Il consentit cependant à lui accorder des conditions de détention plus douces. Seule la musique parvenait à la distraire de sa définitive réclusion. Quand elle pinçait les cordes de son luth, elle retrouvait un peu de joie. Et c'est religieusement qu'elle enfermait l'instrument dans son bel étui d'une essence précieuse et parfumée qui lui rappelait son existence antérieure.

Elle consacrait ainsi l'essentiel de son temps à composer des fabliaux et à rêver, chanter, pleurer, tantôt assise sur le fauteuil ancien des châtelaines de Fougères, tantôt pelotonnée sur un lit à courtines de velours.

L'orpheline, bien qu'accoutumée à l'absence de ses parents trop tôt disparus, se languissait de ses amies d'adolescence, de ses dames de compagnie.

Elle s'épuisait en sanglots, en soupirs, car elle savait que nul ne songerait à la délivrer puisqu'on la savait dans sa sépulture, ensevelie six pieds sous terre. En outre, personne n'approchait de cette tour dont l'accès était strictement réservé au maître qui seul en possédait la clef et ne s'en séparait oncques.

Dans cette salle qui avait tout d'une cellule, une lourde porte, en chêne massif, solidement barreaudée et verrouillée, avec une énorme serrure de fer qui claquait à chaque apparition du sieur de Villemore.

Un jour qu'icelui vint la rencontrer et lire en sa compagnie un de ses derniers fabliaux, dans lequel elle confiait sa propre histoire, Yseule se précipita vers l'huis qui n'offrit aucune résistance.

Le cœur battant, le souffle haletant, les doigts tremblants, elle s'empressa de refermer derrière elle le lourd battant de bois. Elle avait remarqué que son époux gardait pendue à sa ceinture la clef forgée, il lui fallait donc replacer en toute hâte les barres qui maintiendraient fermement la fermeture de cette barrière barbare derrière laquelle elle avait tant désespéré de revoir les êtres chers.

Maintenant elle était enfin libre et le piège s'était retourné contre le conspirateur. Peut-être un juste retour des choses…

La châtelaine gagna promptement ses appartements. Elle exprima le désir de revoir au plus tôt ses servants.

Inutile de préciser l'état d'ahurissement, d'effroi, d'incrédulité de ses domestiques, de ses pages. Cela faisait déjà cinq fois que l'on avait fêté la Noël au château depuis sa disparition.

Comment imaginer alors que l'infortunée fût cloîtrée dans un coin de la forteresse ? Il ne pouvait s'agir que d'un miracle !

En effet Yseule fut touchée par la grâce et ne chercha jamais à se venger de la punition injuste, inconsidérément infligée par son mari.

Elle échangea une correspondance secrète avec lui et n'envisagea sa libération qu'au prix d'un aveu écrit, une confession dans laquelle il reconnaissait sa culpabilité, sa jalousie maladive, outrancière…

Et Yseule de Villemore, avec une noblesse d'esprit peu commune, rendit sa liberté au vieux chevalier et confia à ses vassaux étonnés et réjouis qu'il y avait bien eu un prodige accompli par la volonté du Tout-Puissant.

DU MANOIR DE LA POSSONNIÈRE AU CHÂTEAU DE TALCY MIGNONNE ALLONS VOIR SI LA ROSE…

Au début du XVIe siècle, de retour d'Italie où ce chevalier était parti guerroyer auprès du roi et fut fait prisonnier, Louis de Ronsard entreprit de rénover la Possonnière à la mode italienne.

Son fils Pierre a vu le jour en 1524, dans cette demeure familiale sise à Couture, près de Montoire-sur-le-Loir.

La gentilhommière, adossée au coteau où vient mourir la forêt de Gâtine, se démarque par l'abondance des devises – manières de maximes – marquées en latin ou en français sur ses murs.

Dans ce cadre privilégié – on ne manquera pas de souligner le caractère gracieux de ce manoir, aux fenêtres à meneaux, aux pilastres à médaillons, à la tourelle d'escalier, à son portail orné d'un buste – qui possède une bibliothèque remarquable, le jeune homme découvre les auteurs anciens et la littérature en vers. Pindare et Horace sont ses modèles, ses maîtres.

Il n'a que douze ans quand il devient page à la cour de François Ier. Malheureusement, il est peu après atteint d'une maladie et frappé d'une surdité partielle. Il avait été éduqué dans le culte des arts et des lettres et pratique l'équitation, l'escrime, dans l'espoir d'embrasser une carrière militaire. Il doit donc renoncer à cette perspective.

Devenu écuyer puis clerc, Pierre s'adonne désormais à l'écriture. Il n'a pas vingt printemps lorsqu'il fait une rencontre étrange, éphémère et éblouissante qui va bouleverser sa vie. La jolie demoiselle, prénommée Cassandre, est la fille de Bernard Salviati, riche marchand florentin, apparenté aux Médicis, qui a acquis la terre et seigneurie de Talcy.

L'amoureux transi fait sa connaissance lors d'un bal donné au château de Blois. Il n'a d'yeux que pour elle. Son cœur bat la chamade. Il est subjugué. Il est tombé en amour et ne s'en relèvera pour ainsi dire pas. La jeune fille lui inspire des métaphores magnifiques. Il lui consacre ses plus belles rimes. Il est hanté, habité par cette passion pure, platonique.

« Mignonne allons voir si la rose
Qui ce matin avait desclose
Sa robe de pourpre au soleil... »

Cette fleur magique, magicienne, mystique, ses pétales veloutés, sa fragrance exquise, estampillent l'œuvre du fondateur de la Pléiade, avec Joachim Du Bellay.

Devenu poète de l'attachement sentimental, poète officiel de la cour des Valois, prince des poètes, Ronsard chante avec exaltation et lyrisme ses amours souvent déçues.

Mais torturé par la goutte, ce religieux, érudit et épicurien, se retire dans ses prieurés, notamment à Saint-Cosme-lès-Tours, où il s'éteindra en 1585.

Il repose là, dans le chœur de l'église. Une dalle garnie d'un rosier orne son tombeau.

À l'extérieur, les roses et iris des jardins d'esprit médiéval et renaissant ponctuent les rêveries du promeneur et rendent un vibrant hommage au poète disparu.

Au château de Talcy, l'aimable galerie et le joli puits fleuri de la première cour évoquent la figure du chantre des passions contrariées, au manoir de la Possonnière, un courtil sert d'écrin à sa demeure de jeunesse.

Une roseraie compte en ses flancs un rosier grimpant créé en l'honneur du célèbre ambassadeur de la reine des fleurs, aux pétales doubles d'un rose très tendre, d'une nuance plus soutenue en son cœur, et au léger parfum de sous-bois, de mousse.

Selon la mythologie grecque, la rose naquit du corps inanimé d'une nymphe métamorphosée par Chloris, épouse de Zéphyr.

Elle ne laissa pas indifférentes d'autres divinités qui se penchèrent à leur tour sur sa corolle pour la combler de maintes qualités. Aphrodite, déesse de l'amour, lui attribua la beauté que nul n'oserait oncques lui contester.

Quant à Dyonisos, dieu du vin, il lui conféra le délicieux nectar d'où elle puise son suave et délicat parfum. Enfin Apollon, qui présidait à la grâce, la musique et la poésie, la désigna d'une débellatoire déclaration, reine des fleurs.

Les trois Grâces l'auraient gratifiée de l'éclat, du charme et de la joie. Elle était l'emblème d'Aurore, à qui incombait la charge d'ouvrir au char du soleil les portes du ciel.

Sans doute Cléopâtre ne résista-t-elle pas à cette fascination universelle, unanime, qui recevait ses amants sur un lit de pétales de roses d'une quarantaine de centimètres d'épaisseur. La quintessence du rêve, le comble du sublime, l'absolu à l'état pur !

LE GUÉ-DU-LOIR
LA CHANSON DE BONAVENTURE

Il est des chansons câlines, telles des comptines dont l'auteur reste incertain, mystérieux, inconnu.

« Si le roi m'avait donné
Paris sa grande ville
Et qu'il m'eût fallu quitter
L'amour de ma mie
J'aurais dit au roi Henri
Reprenez votre Paris
J'aime mieux ma mie
O gué
J'aime mieux ma mie

Or le roi n'm'a pas donné
Paris sa grande ville
Mais il m'a fallu quitter
L'amour de ma mie
Et j'ai dit au roi Henri
Laissez-moi mourir ici
J'ai perdu ma mie
O gué
J'ai perdu ma mie. »

Celle-ci, datée du milieu du XVIe siècle, aurait été composée par le père du bon roi Henri IV, Antoine de Bourbon. Mais d'aucuns attribuent ces couplets à Pierre de Ronsard, le prince des poètes de la Pléiade.

Le manoir de Bonaventure, situé en pleine verdure, à quelques encablures du Gué-du-Loir, doit son appellation, prétend-on, à une chapelle dédiée au saint du même nom, ce théologien diligent disciple et digne successeur de François d'Assise, homme comblé de vertus, aimé de Dieu et des hommes, docteur de l'Église, qui vécut au XIIIe siècle.

Cette gracieuse demeure a séduit plus d'un esthète.

On raconte souventes fois que Charles VII aimait à s'y rendre en compagnie de sa chère compagne Agnès Sorel avec laquelle il s'adonnait à de longues chevauchées et de distrayantes parties de chasse à l'oiseau, dans la campagne à l'entour.

Cet élégant pavillon qu'il avait fait construire pour sa favorite appartint notamment à la famille des Musset. L'heureux géniteur du célèbre écrivain romantique du XIXe siècle y était né. Lorsque le manoir changea de propriétaire, son fils Alfred vint séjourner en villégiature chez son parrain, au château de Cogners. Quant au frère du créateur de *Lorenzaccio*, le pourpris lui a inspiré un joli opus, intitulé *Samuel*, roman sérieux, en 1837.

Il évoque dans ces pages la belle résidence à l'instant où son héros distingue une tourelle sertie entre les arbres.

C'est du village voisin de Vendôme et de cette demeure, baptisé le Gué-du-Loir, dont il est question dans la chanson.

La légende relate que le chant symbole des gardes françaises fut écrit dans ses murs, au cœur d'un paysage sculpté, par le Loir et le Boulon, son affluent, de prairies verdoyantes et d’îles dessinées au rythme des silhouettes d’aulnes, de saules et de peupliers, ponctuées de bouquets de roseaux, une toile végétale typique des régions humides.

Un cadre bien pacifique pour des rimes moins gentilles qu’il y paraît à première vue…

BOURNAN
LA MORT DU BASILIC D'ÉPENNES

« Il est dans le parc du château de Bournan un bien étrange animal statufié dont on murmure qu'il s'agit d'un basilic. Moi qui croyais qu'on appelait ainsi une plante odoriférante, délicieuse pour agrémenter les salades de tomate et de fromage de chèvre…

— Vous pensez, on le voit souvent représenté dans les églises, sculpté ou peint, comme un monstre à tête et crête de gallinacé, doté ainsi d'une excroissance de chair en forme de diadème, à queue de serpent, un poitrail de taureau qui semble sorti en droite ligne des enfers, moitié dressé par-devant, en reptation à l'autre extrémité.

— Une figure si répugnante et si effrayante qu'on se demandait bien comment une telle engeance pouvait avoir vu le jour.

— Le secret est percé maintenant, on sait qu'elle est le fruit d'un œuf de coq !

— D'un vieux coq en outre, âgé de plus de sept ans, et déposé sur un tas de fumier pour être couvé par une grenouille ou bien un crapaud.

— Ce qui n'est déjà pas banal, vous me l'accorderez. Et s'aggrave encore quand on imagine qu'il est tellement plein de venin que tout son corps en rejette de toutes parts, qu'il soit question de la peau, des prunelles, de la gueule.

— Celui-ci est particulièrement redoutable à cause de ses griffes acérées, de ses yeux perçants, de ses écailles visqueuses.

— Mais pourquoi une effigie de ce type de monstre dans le parc du château de Bournan ? entend-on habituellement.

— Eh bien, sachez qu'un ancien propriétaire du lieu, Robin de La Haye, eut à combattre cette bête diabolique.

— Qui était ce Robin de La Haye ? Son nom me dit vaguement quelque chose…

— Il s'est illustré par sa victoire sur les Anglais, repoussés au gué de la Dive à la Mothe-Bourbon.

— Et que vient faire le basilic dans cette affaire ?

— On raconte qu'un soir de tempête où le vent secouait, tordait, pliait les arbres comme une lavandière essange son linge pour l'essorer, où la pluie fouettait le sol de horions rageurs, creusant les ornières des sentiers d'une boue collante, et aveuglait violemment le visage des rares voyageurs, bref un temps à ne pas mettre un chien dehors, le sieur de Bournan regagnait péniblement son château quand il tomba, au bois de la Dorelle, sur cette créature infâme. Plongé au plus profond de ses pensées, perdu, prostré, le cavalier, qui avait quitté la citadelle de Loudun quelques instants auparavant, méditait sur les conséquences de cette guerre qui déchirait la France et l'Angleterre, ennemis héréditaires qui s'affrontaient inlassablement et se disputaient l'Aquitaine et le Poitou. Un conflit dont on ne voyait pas l'issue et qui jetait la population dans la désolation, la capitulation.

— C'est souvent le peuple qui pâtit le plus de ces situations.

— Bien entendu. Donc notre homme atteignit bientôt le bois de la Dorelle, pressant sa monture pour éviter d'arriver au manoir trempé comme un croûton de potage. Soudain son cheval marqua un écart énorme, épouvanté semblait-il par une présence impalpable. Le sursaut plus le hennissement surprirent son maître qui, subitement, sentit une suffocante odeur lui saisir les narines. Des relents acides, fétides, putrides... Une émanation caractéristique qui ne laissait planer aucun doute sur l'identité de l'abominable bête qui errait dans les parages. Cette rencontre inopinée l'avait brutalement tiré de sa méditation. Bon sang, c'était le basilic d'Épennes ! Une créature infernale qui faisait régner la terreur et dont la rumeur rapportait régulièrement qu'elle pouvait tuer d'un seul regard. Et dont juste l'odeur suffisait à tuer les oiseaux dans leur envol !

— Quelle horreur, j'en ai froid dans le dos... Mais poursuivez !

— D'abord pétrifié d'effroi, le sieur de Bournan se ressaisit et se prépare à l'affrontement. Ce n'est pas par hasard que ses amis l'ont surnommé Grand Robin. Il met pied à terre et empaume son épée. Un brouillard pellucide l'entoure, l'enveloppe, l'ensevelit. Il sent ses forces s'effriter. Il éprouve la curieuse impression d'être paralysé, anesthésié. Il doit lutter pour continuer à se mouvoir, afin d'apercevoir, dans cette atmosphère d'encensoir, l'irascible dragon. Malgré la fureur des éléments, l'épaisseur des ténèbres et la puanteur de l'air, le chevalier entreprend de fouiller chaque buisson ensauvagé, de soulever chaque branche fracassée, de retourner chaque amas de feuilles séchées. Il ne laisserait pas l'occasion unique de trucider cette espèce de molosse hybride lui échapper. La colère redouble ses forces. Il avance à tâtons. Enfin le voilà qui parvient à distinguer dans l'ombre la silhouette maléfique. Il se dirige vers elle d'un pas assuré, déterminé à en découdre, à la déchiqueter. Il use de ruse pour l'approcher car, depuis sa plus tendre enfance, il connaît les cascades de croyances tournant autour du basilic. Il doit impérativement éviter de le regarder en face sinon il périra instantanément. Comment faire pour lui enfoncer son épieu entre les deux orbites sans l'observer ! Il tente de le transpercer d'un coup de sa lance, mais la lame se brise sur sa carapace. Cependant il a tout de même réussi à le blesser. Il essaie alors de l'approcher davantage pour lui asséner l'estocade finale qui l'achèvera sur-le-champ. N'écoutant que son courage, il parvient à mettre hors d'état de nuire cet extraordinaire adversaire sanguinaire. Le combat a duré la nuit entière. Les effluves insupportables se sont infiltrés partout, de l'orée de la forêt jusqu'à l'horizon et même bien au-delà…

Dans les fermes isolées, dans les chaumines éloignées, dans les foyers du village voisin, tous attendaient avec angoisse le dénouement du drame qui se jouait au plus épais de la sylve, car il n'était pas une personne qui ignorât l'assaut nocturne que livrait messire de Bournan.

— Et alors ?

— Au lever du soleil, les habitants du bourg, avertis de la prouesse de leur seigneur, accompagnés de ses serviteurs, partirent à sa recherche. Ils trouvèrent les deux protagonistes à l'endroit même du duel, leur maître harassé, recroquevillé sur une souche, et le monstre occis, allongé sur le flanc. Aussitôt on se démène et on ramène le cadavre déjà putréfié, tiré par des bœufs attelés, jusqu'au dolmen où l'on s'empresse de le jeter pour l'éternité… »

CHANTELOUP
LA PAGODE MIRACULÉE

Il est un étrange et étonnant édifice dressé tel un phare surgissant des jardins et des bois voisins, la pagode miraculée, non loin de Chenonceau et encore plus près d'Amboise, entre Cher et Loire. Cette tour exotique de sept étages troue les nuées du paysage tourangeau d'un troublant clocher !

Cet élégant belvédère brandit ce morceau de bravoure et de quarante mètres de hauteur qui se mire, magnifique, mélancolique, dans une vaste pièce d'eau dessinée en demilune.

Une prouesse technique et esthétique, vaillant vestige de la vogue de chinoiserie qui envahit la France au XVIIIe siècle et à laquelle le duc de Choiseul céda sans se faire prier. L'homme, nommé ministre des Affaires étrangères de Louis XV pendant plus d'une décennie, grâce à l'appui de madame de Pompadour, avait acquis en 1761 le château de Chanteloup.

Ce manoir avait été bâti à l'initiative de Jean Bouteroue d'Aubigny, maître des Eaux et Forêts, à l'aube des années 1710, par le fameux architecte Robert de Cotte.

Le nouveau propriétaire procède progressivement à des aménagements, des accommodements, des agrandissements. La demeure, déjà fort belle au préalable, se métamorphose, sous la baguette et sur des dessins de Le Camus, en une résidence fastueuse.

Le gentilhomme est alors au sommet de sa gloire et de sa puissance. Mais souvent ces deux grâces sont éphémères. Un jour le vent tourne, c'est ce qui arriva après la disparition de la marquise et de sa protection.

Tombé en disgrâce, le duc de Choiseul est sommé par un libelle du roi de s'exiler sur ses terres ligériennes à la Noël 1770.

Qu'à cela ne tienne ! Notre aristocrate gagne son refuge doré. Mais les consignes royales ne sont pas respectées. Sa Majesté avait souhaité mettre à l'écart du monde son ancien directeur de la politique extérieure du pays. Les visites – hormis les dispenses accordées à sa famille par la bienveillance du souverain et quelques rares exceptions – lui étaient strictement interdites.

Paradoxalement, cet éloignement forcé ne rimera pas avec isolement. Et ce qui devait devenir déveine prend des allures de retraite heureuse, qui exerce une fascination indéfectible sur les amis des proscrits.

Alors s'organise une véritable procession des personnalités les plus diverses qui se pressent par la poste – en moins d'une quinzaine d'heures depuis Paris –, princes, prélats, peintres, nobliaux et gentes dames, écrivains et érudits…

Il semblerait à un naïf que la Cour s'est déplacée de Versailles à Chanteloup. Une foule des plus animées parcourt les allées de la propriété. L'endroit est à la mode. On y goûte les plaisirs de la campagne dans un cadre idyllique, et les bergeries au goût du jour éclosent au sein du parc, et même une vacherie que le duc de Choiseul présente à la belle société en villégiature en son château.

On raconte qu'Arthur Young, invité à explorer son aumaille, admira plus de cent vaches suisses que son hôte avait importées de leurs alpages, et qu'il apprécia cette initiative novatrice.

L'ancien ministre, homme brillant, raffiné, cultivé, n'hésita pas à effectuer des dépenses somptuaires pour accueillir ses convives. Un jour, lui vint à l'esprit l'idée d'élever une fabrique en hommage à l'amitié témoignée à son égard par ses proches qui avaient ouvertement bravé les consignes et désobéi au roi et ne lui avaient par conséquent pas tourné le dos.

Si le projet n'est pas original à cette époque par le fond, il le sera par la forme. Pourtant, depuis le règne de Louis XIV, l'exotisme avait gagné la faveur du public. Une ferveur qui ne s'était pas démentie mais muée en chinophilie et emparée de moult techniques des arts décoratifs : la faïence et la porcelaine s'ornèrent de personnages chinois parce que dotés d'un chapeau pointu et de moustaches tombantes ; le mobilier fut revisité par des matières précieuses dont laque et nacre ; la mode gagna également les soieries, les tapisseries et la dominoterie.

C'est ainsi que maint salon ou boudoir devint chinois par le talent de quelques artistes renommés dont Pillement.

On publie des carnets de croquis de constructions de l'Empire céleste. On édite des catalogues de poncifs quasi exhaustifs. Dans cette effervescence, cette exubérance, le seigneur de céans décide de louer ses amis par la commande d'un monument, à l'imitation de la pagode créée pour le souverain George III dans les jardins de Kew, près de Londres.

Une célébration, une commémoration, une communication aussi pour affirmer sa position !

Le caprice coûtera la bagatelle de quarante mille écus à son commanditaire. Une fortune…, qu'importe ! Il n'est jamais trop prodigue quand il s'agit de témoigner à la gloire et à la mémoire de celles et ceux qui l'ont suivi dans sa prison dorée.

Les travaux entrepris vont durer presque trois ans ; les difficultés multipliées comme à l'envi par l'architecte désireux de relever le défi seront résolues comme par magie. Les fondations à prévoir sur pilotis à cause du plan d'eau, de grandes baies ouvrant sur des balcons contraignant à évider les murs, les salles voûtées, la coupole coupée par l'escalier, toutes ces hardiesses nécessitent de trouver des solutions ingénieuses que l'inventeur des plans, Le Camus de Mézières, en virtuose émérite, s'emploie à déployer. Le ministre révoqué peut enfin inscrire dans le marbre la liste des deux cent dix noms tant affectionnés, irrémédiablement effacée depuis. Malheureusement, le majestueux manoir ne représente maishui plus qu'un souvenir.

Seule une plaque explique la gratitude du duc de Choiseul qui, à force de fascination pour la magnificence, finit ruiné…

Il a été démantelé pierre par pierre, victime de l'avidité et de l'envie des hommes. Par quel miracle la pagode a-t-elle échappé à la destruction ? Les interprétations sont légion. L'une d'entre elles privilégie l'intervention du Saint-Esprit, une manière divine de décision, déroutante, détonante, pour une propriété née au temps des Lumières…

Mais la légende ne s'affranchit-elle pas des conventions et autres contradictions ? Seuls de vénérables arbres pleurent de langueur la splendeur des heurs passés.

GIEN
LA PRINCESSE PRISONNIÈRE

C'est à Anne de Beaujeu que le château de Gien doit sa construction. C'est en l'an 1494 que la fille de Louis XI entreprend son édification – et non sa rénovation – sur les fondations de l'ancien donjon.

La sœur de Charles VIII affectionne ce site fleuretant avec le fleuve, fleuron des cités lisières, cités frontières, cités altières de la province.

Un choix judicieux, car le lieu fut déjà élu par les Celtes puisque Diomagus, ainsi nommé en ce temps-là, promontoire à la position privilégiée, favorisait les échanges de marchandises entre la tribu gauloise des Eduens et celle des Carnutes.

Elle fut ensuite une capitale médiévale cruciale du comté, lorgnée, enviée, annexée par Philippe Auguste à l'extrême fin du XIIe siècle.

Dame Anne, qui a exercé la régence du royaume radieusement, selon le vœu de son père, sentant sa dernière heure proche, durant la minorité de son cadet, a mené d'une maîtresse main l'aménagement de la ville qui lui doit maintes interventions dans le domaine architectural, restaurations ou édifications de plusieurs bâtiments-phares dont l'enceinte, le pont en pierre à treize arches qui permet aujourd'hui encore, bien qu'ayant perdu l'une d'entre elles, de franchir la Loire, les couvents des clarisses et des minimes, l'église collégiale.

Anne de France investit donc la place ancestrale souventes fois prise, détruite ou reconstruite, dans l'appétence de métamorphoser la fameuse forteresse féodale en maison de plaisance agréable, confortable, aimable.

On imagine que cette décision permit à tous de laisser aux oubliettes la légende locale. En effet, la tradition racontait qu'autrefois des esprits malfaisants retenaient prisonnière une belle princesse, dans les profondeurs de la butte sur laquelle se dresse de nos jours du chastel la superbe silhouette, surplombant les toits de son décor de briques, dessinant de gracieux motifs géométriques, losanges, écailles de poisson et damiers géants.

Seuls des hommes valeureux, téméraires même, voire aventureux et impérativement prompts, pouvaient espérer délivrer la malheureuse, à la condition impérative d'effectuer cette tentative alors que sonnaient les douze coups de minuit, ce bref moment durant lequel le maléfice était rompu et autorisait l'espoir d'une libération salvatrice.

LE LUDE
LE VIEUX LOIR

Au carrefour de l'Anjou, du Maine et de la Touraine, le château du Lude, sis entre La Flèche et Vendôme, se prélasse et embrasse de sa terrasse une vue magnifique sur le paysage et la rivière qui semble couler là des jours paisibles depuis la nuit des temps.

Pourtant, si l'on en croit les anciens, la légende prétend qu'il n'en a pas toujours été ainsi. Les apparences sont souvent trompeuses.

Les origines de cette vaste bâtisse si majestueuse remontent à la fin du Xe siècle. Les comtes d'Anjou auraient choisi cette position afin de résister aux invasions normandes. Et l'on sait, par un acte de vente établi quelques décennies plus tard, que le cours d'eau était déjà présent à cette époque au pied de la forteresse. Par déduction, on imagine que parmi les neuf seigneurs qui ont exercé leur autorité durant cette période, un seul apparemment a pu d'abord concevoir, puis entreprendre, de tels travaux de déviation du Loir.

Foulques Nerra est donc manifestement le seul susceptible d'être soupçonné de détournement…

Le fameux bâtisseur qu'était le Faucon Noir semblait assez audacieux pour réaliser ce fol projet : guider le courant vers les fossés du château. Et déplacer ainsi le lit du

Loir qui semble ébranlé d'étonnants états d'âme, témoignant nonchalance, puis amorçant un virage sévère, traçant une boucle, renonçant à la direction élue, pour effectuer un demi-tour.

La nature ne paraît guère impliquée dans le dessin de ce sillon. Étrangement entre hésitations et tergiversations, le Loir éprouve un regret et s'en va saluer d'une courtoise révérence le château.

Ayant dû subir dans son donjon du Lude le siège d'Alain de Bretagne et de son allié Herbert Éveille-Chien, Foulques Nerra creusa un nouveau tracé, de quelque six kilomètres, au Loir, une œuvre magistrale comme savait les accomplir ce célébrissime comte d'Anjou, élevant ce site au statut de sentinelle de cette sinueuse vallée.

BEAUREGARD
LE CHÂTEAU BIEN NOMMÉ

« Il y a je ne sçay quoy de singulier et de grand dans cette maison qui a obligé les gens du païs blésois à la surnommer Beauregard-le-Royal », écrivait Bernier.

Une demeure d'exception qui ne s'est pourtant pas manifestée dans l'ostentation ni l'apparat. Mais plutôt dans l'originalité de son iconographie ornementale.

Deux salles situées sous le signe de l'insolite où l'Histoire a rendez-vous avec la légende !

Cet ancien relais de chasse de François Ier suscite assurément une curiosité teintée de perplexité.

À l'orée de la forêt de Russy, le manoir, dans son paisible écrin de verdure revisité pour son ancienne partie potagère par le paysagiste Gilles Clément, qui a choisi d'y établir des regards croisés avec les portraits de la galerie, domine la tranquille vallée du Beuvron et le petit village de Cellettes.

Le visiteur attiré et intrigué par la renommée et la rareté – voire l'exclusivité – des motifs représentés dans ce pourpris est d'abord fasciné par le cabinet des Grelots.

Cette pièce exquise, aux boiseries dorées ornées de clochettes – du plafond à caissons aux panneaux muraux –, à l'imitation de celles figurant sur le blason d'azur à trois grelots d'or de Du Thier, est l'œuvre de l'ébéniste Scibec de Carpi qui travailla pour les châteaux d'Anet et de Fontainebleau. Une référence incontestable en matière de décoration harmonieuse et soignée.

Il sera ensuite séduit et stupéfait par la spectaculaire, la tutélaire, l'extraordinaire galerie des Illustres, cette concentration, cette collection, recension unique de trois cent vingt-sept portraits de personnages influents. Une commande de Paul Ardier en 1620. Une bien fantasque et fantastique cour de reines et de rois, de ministres et de militaires, de papes et d'autres ténors de leur temps et d'un passé récent réunis pour le meilleur et pour l'éternité sous un plafond peint de précieux lapis-lazuli.

Un captivant catalogue sur cadres de célébrités pour lequel, selon la légende, la Grande Mademoiselle – de passage dans les lieux et fortement impressionnée pour ne pas dire médusée – manifesta un vif intérêt. Si intense qu'elle exprima le désir un brin inconsidéré de faire ajouter à cette magistrale réalisation son effigie. Un vœu peut-être pieux auquel le Roi-Soleil – on se demande bien pourquoi – opposa un refus catégorique !

POUANCÉ
LA DAME BLANCHE

Au chastel de Pouancé est attaché un personnage féminin énigmatique, évanescent, émerillonné cependant, suffisamment pour se manifester tout à coup, puis disparaître presque aussi soudainement.

Une dame blanche qui fait son apparition, de temps à autre, et qui s'inscrit dans la tradition du folklore d'autrefois, commun aux sites ensauvagés de moult provinces et pays de tous les continents.

Ainsi les forêts, les landes, les prairies sont-elles animées par ces fées, pour moitié sorcières, pour moitié déesses.

Ces créatures fantastiques semblent, pour la plupart, descendre de la fameuse Guenièvre de la légende arthurienne – ou du moins entretenir un lien de parenté avec elle – et de l'illustre enchanteresse Mélusine.

Un doute plane sur leurs activités nocturnes.

Elles restent pour la plupart invisibles de l'aube au couchant et sortent de préférence les soirs de clair de lune.

Lorsque luit la lumière blafarde de l'astre d'argent, elles s'approchent des chemins isolés empruntés par de rares passants.

Leurs plaintes confuses et leur silhouette vaporeuse arrachent alors des cris de frayeur aux voyageurs attardés ou égarés.

Mais ces fugaces formes fantomatiques hantent fréquemment les demeures aristocratiques où, en maintes circonstances, elles se font annonciatrices de bien tristes nouvelles. Elles deviennent les messagères de la camarde et préviennent de la perte proche d'un prince, propriétaire du pourpris.

Nombreuses sont les familles qui ont appris de leur voix lugubre un funeste événement à survenir dans les trois jours.

Dans cette forteresse médiévale – située aux confins des Marches de Bretagne et d'Anjou –, bastion dont l'existence est déjà mentionnée au milieu du XIe siècle, se dresse une tour éponyme dont l'appellation suscite l'étonnement des visiteurs.

On entend souvent, par le vent rapportée, cette conversation entre des promeneurs curieux qui, déroutés par le nom de certaines parties de la bâtisse, interrogent les habitants de la contrée :

« Cette dame blanche est-elle la gardienne d'un trésor légendaire ?

— Les avis des anciens sont partagés à ce sujet. Certains affirment que des richesses fabuleuses restent enfouies dans les ruines alors que d'autres affirment qu'elle est le spectre d'une…

— Bouhh, un fantôme ! Même si je n'en ai pas vraiment peur, la pensée que nous pourrions en croiser un ici au crépuscule me fait froid dans le dos ! Il ne manquerait plus que le hululement d'un hibou et le coassement de crapauds pour parfaire le tableau et me faire claquer des dents… et prendre la poudre d'escampette !

— Oui, elle revient sur ces lieux car les circonstances de sa disparition sont effroyables…

— Et j'imagine qu'elle erre à la recherche de la paix, ou de son âme ?

— Je ne le crois pas vraiment mais qui sait... » répond évasivement une vieille femme qui vient à passer par là et affirme avoir entendu ses gémissements. « Ici c'était tout de même la plus vaste forteresse de l'ancienne province d'Anjou après le château d'Angers ! »

TROUSSAY
LE HOUX PORTE-BONHEUR

Depuis deux mille ans, de nombreux peuples d'Europe prêtent au houx des vertus spécifiques. Autrefois on utilisait dans les ateliers le charbon de bois obtenu à partir de cet arbrisseau pour forger des armes de guerre, épées ou haches.

Devant les cheminées, on accrochait des feuilles de ce végétal à la ficelle où étaient suspendues des salaisons, jambon et saucisson, afin de les protéger de l'appétit vorace des rats allouvis et hardis.

Mais le houx a une autre vertu : il facilite, favorise, façonne les rêves magiques.

Eu égard aux services rendus à la Sainte Famille, auxquels il doit selon la légende ses titres de noblesse, n'incarne-t-il pas la bravoure et la clairvoyance aux yeux des chrétiens ?

En ce temps-là, Hérode, qui régnait sur la Palestine, se montra fort courroucé par l'annonce de la naissance d'un roi des Juifs faite par les mages. Craignant pour son trône, il ordonna le massacre de tous les enfants mâles de moins de deux ans, dans l'objectif d'être définitivement débarrassé de Jésus.

Par bonheur, Joseph le charpentier, averti en songe grâce à un ange des intentions meurtrières du souverain, pressa Marie et le bambin de quitter au plus vite le pays à ses côtés.

Durant leur fuite en Égypte, les parents pourchassés bénéficièrent de l'aide appréciable, charitable, irremplaçable, d'animaux sauvages. Lions, léopards et loups leur assurèrent une protection infaillible.

Les palmiers leur dispensaient une ombre bienfaisante à l'heure où le soleil dardait ses rayons les plus ardents, et une nourriture reconstituante grâce à l'abondance de leurs fruits gorgés de sucre.

Ils les désaltérèrent également, faisant jaillir de la profondeur de leurs racines des sources gazouillantes.

Enfin, lorsque les soldats d'Hérode approchèrent, menaçants, des branches de houx s'écartèrent puis se refermèrent sur les fugitifs, leur offrant une cachette insoupçonnable.

La Vierge, reconnaissante, bénit l'arbuste, dont le feuillage depuis l'événement reste vert même en hiver, fier de son symbolisme d'immortalité.

Ainsi le vénérable persistant aux feuilles dentelées et aux baies rouges du château de Troussay partage-t-il ce pouvoir protecteur, éliminant les risques de foudre et autres maléfices de la charmante demeure hospitalière.

CHINON
LE SECRET DE JEANNE

Les grands logis des châteaux de Chinon – il s'agit en réalité d'une juxtaposition de trois édifices réunis en un seul –, que les voyageurs du XIXe siècle décrivaient abandonnés, dévastés, ruinés, accrochés au faîte des murailles et des tours, élevées sept cents ans auparavant, n'étaient plus, à cette époque-là, que planchers écrasés, cheminées écrêtées, escaliers écroulés... Livrés à des intempéries insensibles, impassibles, inflexibles au rythme des saisons – cinglés par les vents, fouettés par les pluies, fissurés par les gelées –, ces pignons et toitures troués étaient envahis par une végétation broussailleuse, bréhaigne..., bref ils affichaient un état lamentable, pitoyable, déplorable, pour un site qui avait tant compté dans l'histoire du royaume de France.

De ces balcons posés par-dessus la dentelle des venelles et des tourelles, ces viateurs admiraient, pour se consoler de cette désolation, les paysages riants et verdoyants longeant la Vienne. Ils évoquaient itou, dans le silence qui sied aux méditations nostalgiques, la grandeur passée du lieu.

Comment ne pas songer que ces appartements princiers avaient accueilli autrefois de prestigieux personnages qui ont marqué d'une empreinte indélébile le patrimoine immatériel, inestimable trésor spirituel et intellectuel de ces contrées, à savoir leur âme !

Jeanne, la jeune bergère lorraine, ne fut pas étrangère à cette phénoménale destinée. Son ombre plane maishui encore sur ces salons d'apparat qui la virent apparaître, au début de son épopée, incontestablement très déterminée.

Accompagnée par six hommes d'armes du sire Robert de Baudricourt – malgré un premier échec, elle n'avait pas renoncé à se rendre derechef à Vaucouleurs pour convaincre le capitaine de l'importance de sa mission –, l'adolescente s'était présentée devant l'héritier du trône du lys, après la traversée mouvementée, risquée, remarquée, de campagnes révoltées et ravagées.

En cette froide saison hivernale, elle avait parcouru, avec sa petite troupe, une distance phénoménale, sous des bourrasques de pluie glaciale, croisant des bandes de brigands patibulaires, contournant des villages dévastés, aux chaumines désespérément chauves de leur chaume de faîtage disséminées çà et là à l'entour des bourgs, aux logis mitoyens battus par les tempêtes, aux portes et fenêtres arrachées, aux pans de bois percés.

Les troupes royales étaient découragées, dépenaillées, désorganisées. Il fallait lutter de toutes parts contre l'envahisseur, contre les vilains qui n'en pouvaient plus de subir mille et un fléaux, et qui, affamés, le visage cauteleux, dressaient des embuscades çà et là contre les partisans du duc de Bourgogne… car les adversaires étaient partout, les traîtres fourmillaient dans le moindre recoin, les espions étaient légion. Quelle catastrophe !

Chemin faisant, elle avait rencontré la misère, la terreur, les malheurs de la guerre. Mais il en aurait fallu davantage pour décourager la résolution de l'humble gardienne de moutons.

Introduite à contrecœur par les gardes à l'intérieur de la forteresse chinonaise, elle réussit à persuader le bellâtre et flagorneur de La Trémoille de la conduire dans la salle où se tenait le futur roi.

La courageuse bacelle avait triomphé de tellement d'obstacles, affrontant refus, sarcasmes, admonestations, menaces parfois, qu'elle ne pouvait se laisser dissuader par l'attitude tiède, mièvre, d'un favori hostile à l'idée d'un éventuel changement d'état des choses, trop intéressé par la préservation de son statut et de ses privilèges pour s'intéresser au propos d'une cavalière androgyne, qui se disait en outre envoyée par Dieu. Première victoire, elle parvint enfin à ses fins !

Elle se sentit observée par les courtisanes, en robe garnie de fourrure et chapeau à hennin, qui se pressaient pour voir de plus près à quoi ressemblait la péronnelle arborant une mâle tenue.

« Ne serait-ce pas une ribaude ainsi déguisée afin d'approcher le roi ? demanda l'une des dames.

— On dit qu'elle prétend lui redonner la couronne de Saint Louis, pas moins ! »

On murmurait sur son passage :

« Est-ce elle, cette paysanne du duché de Bar qui veut sauver Charles et le persuader de croire à son étoile ? On dit qu'elle est habillée comme un homme, qu'elle porte gippon, linque et housseaux…

— Une légère cuirasse itou !

— Il paraît que sous son chaperon, ses cheveux cuivrés sont coupés à l'écuelle !

— Et tu crois qu'une petite personne de sa taille va remonter le moral de notre prince…

— Espérons-le car il a déjà dépensé tous ses biens ! On le dit ruiné et il ne pense qu'à organiser de nouvelles fêtes pour oublier sa déveine. Il faudrait le sortir de ce cercle vicieux et lui redonner la bravoure de combattre pour son peuple. »

La population était effectivement écrasée par le malheur. Les habitants d'Orléans qui avaient ouï parler de cette téméraire damoiselle s'étaient empressés d'envoyer des hommes pour leur rendre compte de ses actes et de l'accueil que lui avait réservé l'héritier de France.

Trop occupée à accomplir son devoir, la bonne Lorraine n'accorda aucune attention à la gent futile qui s'amusait à plaisanter près de l'huis et, d'un pas assuré, elle pénétra dans la salle de réception où péniblement, malgré la pénombre, elle réussit à reconnaître celui à qui elle venait révéler son secret.

Nonobstant les manœuvres malfaisantes et dilatoires de ceux qui lui désignaient comme roi un homme bien mis et bien fait de sa personne, Jeanne d'Arc se dirigea tout droit, sans manifester la moindre hésitation, vers celui qu'elle cherchait et qui se tenait appuyé, en habits modestes, contre le manteau de la monumentale cheminée.

Elle ne le connaissait pas mais le reconnaissait, sans nul doute possible. De mine insignifiante, à la lueur des torches qui dispensaient parcimonieusement une lumière tremblotante, le prince devisait parmi une assemblée bruyante de seigneurs, de soldats et de serviteurs.

La petite pastourelle profondément s'inclina devant le fils de Charles VI, dit le Fol. Elle savait icelui endetté, abandonné, accablé.

Guidée par les paroles qu'elle avait entendues lorsqu'elle surveillait ses brebis, au Bois Chenu, dans son village vosgien de Domrémy – les voix célestes de sainte Catherine et de sainte Marguerite –, et les apparitions de l'archange saint Michel qui la protégeait, elle parla d'égal à égal avec ce gentilhomme et le rassura sur la légitimité de sa naissance :

« Gentil Dauphin, je viens céans de la part de messire Dieu te dire que tu es le vray héritier du trône de France. »

Elle lui signifiait ainsi que c'était pour sûr du sang bleu qui coulait dans ses veines. Elle lui faisait également savoir qu'elle était venue à sa rencontre pour l'aider à bouter les Anglais hors de France.

Interloqué, le futur Charles VII la toisa d'abord d'un regard goguenard. Puis il accepta de reconsidérer la situation et la somma de prolonger son séjour dans cette ville jusqu'à ce qu'il ait examiné les différents aspects du problème, sous toutes les coutures.

Durant cette étape à Chinon, elle eut à surmonter abondance d'épreuves – interrogatoires, examens, joutes –, qu'elle subit sans sourciller. Il lui fallait attendre avec immensément de patience que Charles se décidât. Et prît la décision idoine.

Elle s'épuisait, sans rechigner ni se plaindre, au maniement des armes, la lance et l'épée. Elle chevauchait de longues heures, par les champs et prés des alentours. Elle se plongeait en prières, patenôtres et autres dévotions.

Un beau jour, nouvelle victoire, elle fut appelée par messire le dauphin pour préparer le siège d'Orléans.

« Chinon, petite ville, grand renom », selon Rabelais et Brantôme, dont les origines bibliques remontaient à Caïn et qui semblait décidément être placée sous le sceau des luttes fratricides, fut le berceau et plus encore le creuset où naquit le désir irrépressible du futur Charles VII de sauver sa patrie et de partager l'épopée johannique.

Ainsi le château de Chinon a-t-il tenu un rôle capital, fondamental, primordial sur le théâtre de l'Histoire de France.

ANDREZÉ
LES EMPREINTES DE JUMENT

Isolé, ruiné, perché sur sa motte, le petit château des Hayes, édifié au XIVe siècle, a été attaqué, ravagé, incendié par les troupes royalistes lors des guerres de Vendée, en 1794.

Ces fenêtres béantes, au regard hagard, cet huis ouvert aux quatre vents, telle une gueule hurlante, sa façade grimaçante pleurent les fastes, les fêtes et les fiertés d'antan. Où sont passés les servants, les séditieux, les seigneurs d'autrefois ?

Ce castel des Mauges a subi dans sa chair de pierre les outrages, les dommages, les saccages des conflits d'une époque tourmentée.

Car cette région d'agrestes paysages, de bocages, de pâturages, située au midi de l'Anjou, aux confins de la Vendée et du Poitou, se révéla propice aux embuscades, par ses chemins creux et discrets, d'emblée criblés de criminels traquenards.

Elle reste tatouée de traces tenaces de ces épisodes douloureux de combats, dont les moulins qui dressent maishui encore leurs armatures de bois demeurent de taiseux témoins, eux qui participèrent activement à ces luttes, offrant aux blancs de l'Armée catholique et royale, quand des Chouans les fameux cris ne parvenaient pas à se faire entendre, l'opportunité de communiquer par signaux.

On raconte qu'avant la Révolution, sur l'imposant portail du château des Hayes-Gasselin, étaient imprimées deux empreintes de fer à cheval.

Était-ce un propriétaire superstitieux qui avait gravé là dans le bois ce symbole de chance afin de se garantir moult aubaines dans ses ambitions ? Que nenni ! S'agissait-il alors d'indiquer la direction des écuries aux valets des cours itinérantes qui se déplaçaient de château en château comme le voulait la tradition ? Pas davantage !

En fait, la légende rapporte que tandis qu'il venait de perdre au jeu son bien le plus précieux, à savoir sa demeure, le maître des lieux, pour l'ultime fois qu'il franchissait le pont-levis à cheval, sa monture, dans un hennissement à fendre l'âme, se cabra et se jeta sur la puissante et pesante porte, laissant de manière indélébile, dans le chêne massif, la marque de ses sabots. Comme un sceau inviolable…

CHAMPTOCÉ
BARBE-BLEUE

À Champtocé, ce promontoire dominant la Loire, à la nuit noire, revêt une allure fantomatique. Les ruines de cette forteresse, les vesprées de pleine lune, dessinent sur les nuages fuyant sous le vent, des silhouettes effrayantes quand elles détachent leurs tours crevées, éventrées, étripées sur la clarté blafarde de l'astre nocturne.

De ces ouvertures oriformes, trouant ces murs béants, semblent alors s'échapper des plaintes de douleur, des cris de frayeur, des râles de stupeur.

Ainsi, ce lieu isolé, désolé, vérolé, propriété du fameux Gilles de Rais, qui n'est pas sans rappeler le château d'Angers par son appareil de pierres de grès et de tuffeau alternées, semble-t-il désormais abandonné pour l'éternité.

C'est pourtant dans une de ces tours, sans nul doute surnommée noire depuis, que le fils de Guy de Laval et de Marie de Craon a vu le jour, en 1404.

L'illustre compagnon de Jeanne d'Arc était né coiffé. Mais orphelin à l'âge de onze ans, même s'il se retrouve un des héritiers les plus fortunés du royaume de France, il tombe sous l'autorité de son grand-père. Ce qui, avouons-le, n'est pas une aubaine. Icelui exerce une influence néfaste sur l'adolescent. Pas même passé seize ans que celui-ci enlève une jeune fille, Catherine de Thouars, qui lui apporte, dans sa corbeille de mariée, des baronnies dont celle de Tiffauges.

On lui prête mille qualités. On le dit bien fait de sa personne, brave, aimable, habile, sensible. On admire son titre, sa charge, son grade de maréchal de France alors qu'il ne compte que vingt printemps et un lustre.

Pourtant cette ascension, cette situation idyllique ne va pas perdurer. Gilles de Rais se retire sur ses terres au moment où Charles VII est sacré roi. Tout lui sourit.

Il vit dans l'opulence. Amateur d'art, il dépense sans limite ni vergogne pour acquérir de la vaisselle d'or, des tapisseries d'Orient ; il garnit sa bibliothèque d'ouvrages exceptionnels, à la reliure en cuir sertie de pierres précieuses. Il orne les meubles de statuettes d'ivoire exotiques. Il dépense des sommes colossales pour construire une collégiale et une maison militaire dont la garde regroupe plus de deux cents cavaliers. Il engage un véritable régiment de serviteurs, domestiques toujours prêts à satisfaire le moindre de ses caprices. Il organise des festins au cours desquels se succèdent pléthore de mets rares et raffinés, de vins fins, de crus recherchés.

Souvent, ces banquets sont suivis de spectacles grandioses.

Peu à peu Gilles de Rais passe de la démesure à la démence, du luxe à la luxure. On assiste ainsi à une escalade où rien ne semble trop beau, trop onéreux, trop inaccessible à cet esthète, cet hédoniste, cet épicurien.

Mais l'homme ne lâche pas sa part sombre. Il est sans cesse rattrapé par ses vieux démons. Il se livre à des actes odieux, rédhibitoires, de sinistre mémoire, dans les salles noires des pourpris de Tiffauges et Champtocé.

Il s'égare dans la magie sombre, s'entoure de devins qui l'invitent à des célébrations déclamatoires, des rituels incantatoires, des expériences conjuratoires, dans des atmosphères saturées de fumignons de myrrhe, d'encens et d'aloès, des univers envahis de symboles cabalistiques, de signes ésotériques, de simiesques simagrées mystagogiques.

Il s'initie aux arcanes de l'astrologie et de l'alchimie.

Il mène une vie de débauche, de déraison, de délits. Violent, cruel, sacrilège, on ne parvient plus à dénombrer ses exactions. Le noble breton s'entoure de personnages louches, à la mine patibulaire, ribauds, magiciens, sorciers, qui le grugent, lui vantant une renommée usurpée.

On racontait qu'il était né sous une constellation telle que ses perversions étaient inévitables et correspondaient en fait à sa destinée, aux desseins des étoiles. Une fatalité à laquelle le malheureux ne pouvait se soustraire. Une culpabilité qui l'écrasait et contre laquelle il ne pouvait que se résigner.

Il multiplie les forfaits, les agressions, les crimes.

On sait qu'avant de livrer la forteresse de Champtocé au duc de Bretagne, il lui avait fallu exhumer dans le plus grand secret les ossements d'une quarantaine d'enfants innocents, entassés dans la tour basse, et qu'il s'était empressé de faire brûler à Machecoul.

Un climat délétère règne autour des châteaux du maréchal, qui inspire crainte, angoisse, méfiance.

De plus en plus fréquemment, on signale des disparitions bizarres, des rapts sanglants, des massacres inquiétants. Certains dénoncent des hurlements, des sévices, d'autres des tortures.

On évoque Barbe-Bleue. On mêle les épisodes de la vie de l'indigne ami de Jeanne, la rayonnante bergère lorraine, et les mésaventures du héros du conte de Perrault.

On prévient qu'au sein du château maudit la crevasse d'une cheminée située dans la grande tour conserve une pierre en forme de tête de mort surnommée « le crâne de Barbe-Bleue ».

On déplore que ces ruines maléfiques soient ensorcelées et hantées par l'âme du baron Gilles de Rais. On affirme que celle-ci ne disparaîtra qu'au moment du démantèlement intégral du chastel, et ce jusqu'à la dernière muraille…

PLESSIS-LES-TOURS
UN ÉTRANGE PRÉNOM POUR LE DAUPHIN

En cette fin d'hiver 1492, la reine apprend qu'elle attend un événement heureux. Chacun se réjouit de la bonne nouvelle. On espère que la souveraine donnera le jour à un héritier digne de succéder à son père sur le trône. On prévoit, on prévient…

La naissance aura lieu à Plessis-les-Tours. Le château sera le cadre idéal pour accueillir la venue au monde du royal nourrisson.

Une fièvre fantastique, frénétique, s'empare du moindre recoin de ce magnifique édifice.

Ébénistes, tapissiers et passementiers se pressent pour parer les appartements castraux. Anne de Beaujeu, belle-sœur de notre héroïne, commande à Arnauld de Viviers, son orfèvre personnel, une vaisselle dédiée au dauphin. Il fondra encore certaines pièces en or.

Tout est bientôt prêt.

Vient enfin le matin où Anne de Bretagne donne le jour à un ravissant poupon, un garçon, à l'issue de la première décade d'octobre. Puis se pose le problème ô combien délicat du prénom.

Le roi souhaite l'appeler Roland en l'honneur, dit-on, du héros de ses souvenirs d'enfance, Roland de Roncevaux. Mais il souhaite tout de même lui conférer une touche italianisante et le métamorphose ainsi en Orlando qu'il refrancise finalement en Orland, à la surprise générale.

« Quelle idée saugrenue ! s'exclame l'entourage.

— Impossible pour le futur monarque... Aucun de ses ancêtres ne l'a porté, déclare un familier.

— Je crois que c'est le choix de François de Paule.

— Alors c'est probablement en référence à ce valeureux combattant qui a chassé les Sarrasins hors d'Italie du sud !

— Il résonne donc comme un symbole de la chrétienté...

— Il faut imaginer que Charles VIII veut ainsi le promouvoir en champion des valeurs religieuses qu'il défend.

— Apparemment cette option calquée sur ses convictions semble déplaire aux parrains ! »

En effet, Pierre de Bourbon et Louis d'Orléans cachent mal leur agacement. Seule la marraine, Jeanne de Laval, veuve de René d'Anjou, apprécie et soutient la décision des parents.

Après de longues heures de discussions, de négociations, de tractations et de compensations engagées, enflammées, envenimées, on trouve un compromis : le bambin serait baptisé Charles-Orland, en latin Orlandus-Carolus, et ainsi replacé dans la tradition de la légitime lignée.

C'est décidé, dès demain et en grande pompe, on portera le petit prince sur les fonts baptismaux pour une cérémonie de circonstance et ce en présence de l'ermite à qui il doit son prénom de légende.

C'est devant un pieux parterre de privilégiés, émus et émerveillés, éclairés par les cinq cents flambeaux qu'ils brandissent fièrement, que les parrains et marraine, vêtus de somptueux habits de drap d'or, entourent les célébrants.

Les ducs de Nemours et de Vendôme tiennent l'un le cierge l'autre l'aiguière, le comte de Foix apporte la salière.

Quant à l'infant d'Espagne, il présente la cuvette et la serviette et l'amiral de Bourbon serre entre ses paumes un vase précieux d'une profusion de pierreries renfermant le saint-chrême.

François de Paule s'avance vers le dauphin, se penche au-dessus de lui en étendant les mains pour vouer vigoureusement à la Vierge Charles-Orland.

BRISSAC
LA DAME VERTE

« Depuis des lustres, pour ne pas dire des siècles, on le surnomme le “Géant du Val de Loire”. » Aussitôt les enfants, sagement assis devant l'âtre animé d'un feu de bois crépitant, ouvrent grands leurs yeux, puis s'écrient d'une seule voix :

« Gargantua ! Gargantua ! »

Ce qui, au pays de Rabelais, semble tout à fait légitime. Comment ne pas penser en effet au héros du célèbre écrivain, affichant une taille démesurée, un rire gigantesque, un appétit hors norme !

Le guide, amusé, se penche vers le cercle étroit des petits, blottis à l'abri de l'immense manteau de la cheminée, et chuchote chaleureusement à leurs oreilles :

« Eh non, il ne s'agit pas de lui ! D'ailleurs il n'est pas question d'un être vivant, animal ou humain, mais d'un bâtiment…

— Le palais des mille et une nuits ? dit un étourdi.

— Quelle idée, on n'est pas en Arabie ici, décoche une gamine perspicace.

— Et alors, réplique un de ses camarades, il existe bien une extraordinaire colonne chinoise près d'ici.

— Tu as raison, affirme le vieil homme, ravi que l'un de ses visiteurs connaisse l'existence de ce curieux édifice.

— Moi, je crois que c'est Chambord, parce que mon papa m'a expliqué que dans ce château, il y avait autant de fenêtres que de jours dans l'année et puis plein de pièces, plus de quatre cents, des escaliers partout, et qu'il détient tous les records mais j'chuis plus très sûr, peut-être que c'est pas ça et que c'est...

— C'est vrai que le roi François Ier avait voulu faire bâtir un bâtiment sublime. Vous savez qui était ce grand souverain ? Il a remporté très jeune la bataille de Marignan. Vous vous souvenez en quelle année ? »

La réponse est immédiate, unanime. Les écoliers hurlent 1515, en même temps, sans la moindre hésitation.

« Mais comment il fait le père Noël pour savoir dans quelle cheminée il doit descendre ? » demande soudain un bonhomme à la voix fluette très inquiète en quête de réconfort.

Le brave cicérone rassure le bambin tellement touchant toujours d'une tendresse timide, emmitouflé dans sa parka, le bonnet enfoncé jusqu'aux sourcils et l'écharpe nouée serrée autour du cou. Ses joues rosies par la chaleur des braises se creusent d'une adorable fossette lorsqu'il éprouve une quelconque crainte.

« Le père Noël mené par son attelage de rennes ne se trompe jamais. Il devine intuitivement et infailliblement la voie à suivre.

— Monsieur, vous nous expliquez qui est ce géant ? demanda candidement un élève à l'animateur interloqué.

— Eh bien mes petits amis, ce fameux géant est le chastel dans lequel vous vous trouvez actuellement. En raison de ses proportions d'exception qui en font une construction originale.

— Il est plus haut que la tour Eiffel ?

— Non, tout de même pas, mais il comporte sept étages et c'est donc le plus élevé de tous les châteaux royaux. Mes amis, je vous propose maintenant de visiter cette magnifique demeure. Mais je dois tout de suite vous mettre en garde. Ne quittez jamais le groupe ! ajoute-t-il malicieusement. Le château est hanté… je vais vous révéler un secret. »

Aussitôt les frimousses hilares cédèrent la place à des pupilles dilatées, des sourcils froncés, des narines retroussées. Un murmure parcourut les lèvres tremblotantes.

Quelques-uns, goguenards, pour ne pas passer pour couards, interrogèrent le conteur du regard.

Seule une chipie à la chevelure couleur de blé déclara sentencieusement :

« Moi, je n'ai pas peur des fantômes !

— Tant mieux car nous ne tarderons pas à en croiser un au détour d'un couloir ou plutôt près d'un escalier… ou à côté de l'entrée d'un souterrain, celui de la dame verte de Brissac.

— Mais pourquoi elle est verte ?

— On dit que cette sorte de revenants peut ainsi se fondre plus facilement dans la nature, la verdure des jardins. Bon, assez parlé, suivez-moi !

— Et pourquoi elle se promène ici ?

— Il s'agit de Charlotte de Valois, sœur du roi de France Louis XI. Elle avait épousé Jacques de Brézé en 1462, le fils du propriétaire de ce superbe castel, qu'il fit construire sur les ruines de la forteresse, bâtie pour Foulques Nerra au Xe siècle. Hélas ! pour son malheur, dans la nuit du 31 mai au 1er juin 1477, son mari l'a surprise dans les bras d'un rival et il a transpercé de cent coups d'épée les deux amants.

— Ouahhh ! Ça fait beaucoup ! Ils ont dû avoir mal…

— Depuis, on dit que la fille de Charles VII et d'Agnès Sorel rôde dans les murs du “Géant du Val de Loire”. »

TERNAY
UN MYSTÉRIEUX SOUTERRAIN

La vallée de la Dive, dans l'imaginaire vernaculaire tentaculaire, a toujours été considérée comme une région propice aux mésaventures épiques. En effet, de par sa géographie et sa géologie, elle a de tout temps constitué une manière de frontière aiguière. Cette zone de tourbières et de bourbières, barrière naturelle infranchissable pour le commun des mortels, décourageait les tentatives de passage les plus téméraires, les plus ténébreuses, les plus tumultueuses.

Elle protégeait ainsi la cité royale de Loudun des attaques éventuelles de ses ennemis. Les assaillants qui fomentaient des projets belliqueux se devaient d'abandonner toute idée d'emprunter un trajet aussi dangereux. Il était impossible que quiconque envisage le passage par les marécages.

À la vesprée, lorsque les anciens se réunissaient pour la veillée, ils se plaisaient à évoquer ce monde délétère des marais où l'on ne comptait plus les disparitions de voyageurs égarés. Pressés de rejoindre un village dont ils apercevaient au loin quelques lumières brasiller derrière les huis clos, ils s'enfonçaient désespérément dans la vase puante des eaux stagnantes dont les roselières malfaisantes, malveillantes, cachaient complaisamment la présence envahissante.

Les viateurs espérant échapper à l'étreinte de cette boue erraient à travers cette végétation et se laissaient prendre au piège, perdant pied prestement dans une débauche de plaintes lugubres.

Tandis que, bien au chaud, les villageois se tenaient devant les flammes flavescentes qui flamboyaient au cœur du foyer. Elles esquissaient des ombres furtives sur les murs fraîchement chaulés. Des silhouettes évanescentes aux contours des plus fantaisistes s'imprimaient subrepticement sur le manteau de la cheminée…

Forts de ce constat, les habitants et leur seigneur décidèrent de remédier à ce problème en creusant, au pied du chapelet de forteresses, fortins et fortifications divers qui jalonnaient la crête dominant la rivière, un souterrain.

Et chacun d'attraper qui un pic, qui une pioche, qui une pelle, et à la force du poignet, d'arracher à la colline des tombereaux de blocs de pierre.

Par chance, la roche n'opposa guère de résistance. Le tuffeau étant tendre par nature, la tâche se voyait considérablement simplifiée. L'évidement du tunnel grignoté aux profondeurs de la falaise progressait à un train d'enfer. Quel prodige !

On caressait enfin l'espoir de se rendre à cheval de Ternay à Loudun et de croire à l'impossible en empruntant ce couloir voûté béni des dieux ouraniens évidemment. Un site sanctifié surnommé la Cave aux Sourds…

Des traces de ce chemin troglodyte perdurent dans une cavité du parc castral de Ternay, cachée à la base d'un chêne déraciné. Là où des radicelles, telles des étincelles que l'aiguail rebrode, se faufilent à fleur de terre, où des racines descellent les moellons, laissant effondrés des pans de mur entiers, comblant des fossés asséchés.

C'est en l'an de grâce 1224 que la reine Blanche de Castille, accompagnée de son fils, le roi Saint Louis, encore enfant, vint à La Charrière de Curçay pour y tenir parlement, trois semaines durant.

Et y rencontrer dans l'enceinte du château des membres des familles Plantagenêt et de Lusignan.

Alors que la petite troupe traversait tranquillement les bois de Ternay, un certain Landor aurait violenté une demoiselle du cortège. L'homme fut condamné à finir au bout d'une corde.

Quelque temps plus tard, un paysan qui passait par là aperçut sous un arbre le corps du pendu.

Il coupa d'un coup de canif le nœud tenant la nuque de l'homme pour constater qu'icelui n'était pas mort.

Le destin du mécréant était scellé. Il décida de donner à Dieu le reste de son existence et vécut en ermite au sein de la forêt. Malgré son désir de rester retiré du monde, il reçut des malades muets ou atteints de maux de gorge, souffrant d'insomnie, car on prêtait à son nom singulier des vertus thurifaires.

Bientôt sa renommée fut si grande que les pèlerins se présentèrent de loin pour le prier avec prévenance.

Après son décès, l'accès au souterrain resta ouvert à ses fidèles et on édifia une chapelle à sa mémoire à proximité de cette Cave aux Sourds. Ainsi, par l'ascèse, l'oraison et le don de soi, il avait pu racheter le salut de son âme et atteindre à la sanctification.

MÉNARS
LA PRÉDICTION D'UNE VOYANTE

Il était une fois une fée, fameuse, flamboyante et fascinante, qui se pencha par-dessus les flots du fleuve fabuleux, sur la gracieuse demeure, édifiée au milieu du XVIIe siècle par Guillaume Charron, trésorier général des guerres de Louis XIII.

La scène se passait le 30 juin de l'an 1760. Dès lors, madame de Pompadour – maîtresse femme, amie du souverain Louis XV et maîtresse des lieux –, conformément à son destin, ne cessa de magnifier le précieux et prospère manoir aux allures de boudoir.

Elle agrémenta le corps de logis principal de somptueux aménagements. La marquise ne limita pas son intervention à l'embellissement de l'architecture et de la décoration intérieure.

Comme elle aimait organiser de brillantes fêtes – auxquelles les invités subjugués se pressaient à chacun de ses retours en fanfare –, elle se plut à redessiner les jardins qui s'étagent superbement de la terrasse supérieure à la Loire.

Maishui encore, la promenade dans le parc orné de vases et de statues – dont l'un représente en buste l'illustre propriétaire sous les traits étranges d'un animal mythique, mystérieux, mystique – constitue un véritable enchantement.

La mode des fabriques fleurit au siècle des Lumières. Il en reste trace…

Une grotte à colonnade déverse l'eau de sa source au creux d'un bassin voisin, dans un murmure cristallin rafraîchissant. Ces édicules élégants émaillent de figures allégoriques ces morceaux de nature apprivoisée, leur attribuant un statut de lieu idéal, telle la rotonde de l'Abondance. Même si madame de Pompadour n'a pas connu ce délicat bâtiment, édifié par Soufflot après 1764, elle n'en a pas moins considérablement enjolivé le dispositif général de la composition de l'ouche.

Elle n'hésita pas à dépenser des sommes somptuaires pour réaliser ses désirs les plus fantasques. Elle eut également l'idée judicieuse bien que coûteuse de faire construire la route conduisant d'Orléans à Blois pour éviter de prendre le bac en face de la propriété, côté rive droite. Et pas seulement !

Un jour que la favorite faisait halte dans sa résidence pour s'y reposer, l'architecte Hupeau vint à lui rendre visite.

Au cours de la conversation, l'homme lui fit part de son dépit, de son désarroi, critiqué qu'il était de toutes parts par des jaloux et par le peuple qui mettaient en doute la solidité du pont d'Orléans dont il venait d'achever la construction, en pierre pourtant.

Afin de dissiper la rumeur et de couper court aux médisances, le malheureux proposa à la marquise de traverser la rivière, en grand équipage. N'écoutant que son bon cœur, la dame accepta, sans la moindre hésitation, de prêter son concours au brave bâtisseur. Ce qui fut dit fut fait et les badauds purent constater que le carrosse de six chevaux franchit l'ouvrage d'art, sans connaître le plus petit tracas.

Ils n'en eurent pas le bec cloué pour autant et, si la prose des commentaires cessa dans les rues, les langues se délièrent, trois jours après, par rimes interposées, et une épigramme fleurit sur toutes les lèvres par tous les cafés de la cité. Le sizain concluait :

« Bien solide est ce pont ; ce jour il a porté
Le plus lourd fardeau de la France. »

On raconte que madame de Pompadour, ayant eu connaissance de ces rimes, afin de ne plus emprunter ce passage, se pencha sérieusement sur le tracé des routes.

Un projet onéreux accompagné d'un transfert du service des postes.

Décidément, dame Poisson, marquise de Pompadour, avait parfaitement réalisé la prédiction d'une diseuse de bonne aventure, rencontrée par hasard dans son enfance. Parce que son père, inquiet de l'indifférence que lui témoignait sa génitrice, la contraignit à intégrer une maison d'éducation, à l'âge de neuf ans.

C'est à cette époque que Jeanne-Antoinette rencontra celle qui lisait dans l'avenir et prophétisa : « Vous serez un jour la favorite du roi. »

De cet instant, les membres de sa famille la surnommèrent Reinette. En particulier sa mère, trop fière d'imaginer pour sa fille un avenir radieux qu'elle n'avait pas cherché ou consenti à s'octroyer.

MEUNG-SUR-LOIRE
LES ÂNES DE LA FAMINE

La petite cité de Meung posée en bordure de Loire, près de Beaugency, doit ses lointaines origines à la fable et à un personnage mythologique de belle notoriété.

Venu de contrées reculées, ce fameux Silène était le père nourricier de Bacchus, ce pensionnaire pittoresque du panthéon latin, représenté avec ses trois attributs traditionnels, le lierre, la vigne et la panthère, brandissant parfois un thirse agrémenté d'une pomme de pin.

Cet étranger, ayant ouï vanter la renommée du fortin qui résista courageusement et brillamment aux coups de boutoir d'assaillants vaillants et belliqueux lors de moult sièges, décida de venir visiter la valeureuse ville ligérienne. Quelle idée saugrenue !

Le malheureux aurait mieux fait d'interroger les astres avant de se lancer dans une telle expédition. Car à peine arrivé aux portes du fort, fièrement juché sur son humble monture, une simple bourrique, il fut aussitôt conspué et contraint de plier l'échine sous les bordées d'injures des autochtones.

Le pauvre Silène, ne sachant plus à quel dieu se vouer, implora Jupiter, le maître du ciel, de métamorphoser ces indigènes inquiétants, inconstants, intolérants, en ânes…

Pourtant, l'expression locale consacrée, « les ânes de Meung », pour désigner les âmes des natifs du lieu, n'a pas pour fondement cet épisode mythique discourtois. Mais se rapporte à l'abominable famine qui sévit à Orléans en 1338.

Depuis plus d'un siècle, la localité était renommée pour ses moulins à roue, actionnés par l'eau de trois petites rivières – les Mauves – qui la sillonnent.

Apprenant la désastreuse nouvelle, les Magdunois se seraient précipités pour porter secours à leurs infortunés voisins, leurs grisons harnachés de bâts remplis à ras bord de farine.

Les voyant s'approcher de leurs murs, les Orléanais réjouis se seraient écriés : « Allons au pain, voici les ânes de Meung ! »

Honni soit qui mal y pense, car bien entendu tout laisse à croire que cette locution familière s'adressait plutôt aux animaux et à leur charge salvatrice qu'à leurs maîtres.

LA MORINIÈRE
LA PORTEUSE DE BONHEUR

L'actuel château de La Morinière a été construit en 1853, par un président de la cour d'appel d'Angers, Cyr Charles Bourcier, époux de la fille de monsieur Retailleau. Cette résidence de plaisance, de style Napoléon III, a été édifiée en dix-huit mois, sur un site privilégié.

Ses fondations jouxtent les anciennes structures de la forteresse féodale, bâtie au début du XVe siècle et détruite durant les guerres de Vendée.

Au cœur des Mauges, le pourpris s'ancre dans un espace géologique exceptionnel, qui lui vaut des manifestations surnaturelles inhabituelles.

À certaines périodes de l'année, des émanations gazeuses fugaces étoilent la nuit d'étincelles. Des phénomènes qui n'étaient pas sans effrayer les passants, les promeneurs, surpris par ces soudains scintillements.

On dit que ce lieu est fréquenté par l'homme depuis des temps immémoriaux et accueillait déjà des cérémonies druidiques.

Le château est sis sur une colline dominant la vallée du Beuvron. La voie antique qui y mène était appelée Chemin des Fées. La tradition insiste sur l'intensité des forces en présence dans le sous-sol, à leurs abords, concentrant des dynamismes importants.

Un terrain taillé de failles monumentales où les puissances telluriques, les courants cosmiques, les énergies hydrauliques parcourent le parc et lui confèrent un pouvoir prodigieux.

Telle la croyance vivace attachée à cet arbre séculaire qui a la renommée d'accéder à la demande, au désir proférés par celles ou ceux qui glissent dans un interstice, une fente, un petit papier plié où est mentionnée la part de négatif dont ils souhaitent se débarrasser.

Il n'est pas question pour lors de formuler le vœu de gagner un quelconque intérêt, une faveur, un bénéfice, d'un seul coup de baguette magique, mais bien de se dépouiller de soucis, de scories, de supplices, pour atteindre à davantage de sérénité.

Dans ce cadre privilégié, il y a des lunes, vivaient un jeune garçon, fils d'un valeureux seigneur sommé d'accompagner son roi et guerroyer au loin, sa mère, une femme pleine de grâce, et sa nourrice, une personne de qualité, d'un âge avancé.

Les journées passaient que le temps ne pouvait entraver et cela faisait déjà trois interminables années que les malheureux étaient sans nouvelles du maître de céans.

Peu après le départ du chevalier, leurs proches avaient bien contribué à l'entretien des terres du domaine, mais au fil du temps, la situation s'était considérablement dégradée.

Désormais les choses allaient à vau-l'eau et, la ruine et la disette menaçant, il fut décidé que la jeune dame prendrait pour nouvel époux un baron d'un fief voisin.

L'homme garantirait ainsi un avenir meilleur à son beau-fils. Mais très rapidement, le sinistre individu dévoila un caractère ombrageux, autoritaire, méchant même.

Il cherchait constamment querelle aux serviteurs et s'en prenait pareillement au gamin, qu'il menaçait en permanence des pires châtiments. Il chassa définitivement sa vieille nourrice et interdit à quiconque de la laisser entrer au château, sous peine d'être enfermé dans un cachot sombre et humide, infesté de rats.

Le petit était totalement désespéré et cela faisait peine à voir.

Il souffrait cruellement de cette séparation et tentait sans arrêt d'apercevoir l'absente par une fenêtre. Il savait qu'elle était hébergée chez des amis, au cœur du village.

Quand arriva le soir de son anniversaire, le premier du joli moi de mai, n'y tenant plus, il décida de tenter d'échapper à la vigilance de ses gardes. C'est ainsi qu'il se précipita vers le donjon. Il grimpa alors les marches en toute hâte et se glissa sur le toit, par une lucarne très étroite.

Il était rassuré, ses geôliers ne pourraient le rattraper tant le passage était serré. Arrivé au sommet du toit, il dessina à l'aide de lanternes une flèche dont la pointe était orientée vers la voûte étoilée.

Ce message codé devrait rappeler à sa protectrice une histoire qu'elle aimait lui raconter jadis à la vesprée.

À ce moment précis, celle qui avait veillé sur lui depuis le berceau se penchait justement à sa croisée, dans l'espoir d'apercevoir un geste de connivence ou le minois affectionné.

Bien lui en prit, car elle distingua soudain le signe lumineux montant des combles du castel. Elle n'en croyait pas ses yeux. Des larmes de joie coulaient le long des sillons creusés sur ses joues par les épreuves et les peurs. Mais à cet instant, la nourrice oublia tout, pour ne plus penser qu'à cet adorable bambin.

Elle décida sur-le-champ d'aller cueillir un bouquet de muguet dans la forêt, qu'elle ferait porter à son protégé par une voisine, sitôt le lever du soleil.

Le lendemain, aux premières lueurs du jour, les domestiques vérifièrent attentivement que le panier ne contenait que des fleurs et ne firent pas obstacle à cette livraison inaccoutumée.

Très touché par ce présent de sa mère de lait – il avait promptement deviné la provenance du cadeau –, l'enfant ne put retenir son émotion. Il se mit à chanter, à danser comme si les clochettes lui susurraient une berceuse que sa dévouée protectrice lui fredonnait autrefois.

Quant au vilain baron, il entra dans une colère phénoménale lorsqu'il découvrit par hasard, en se penchant par une ouverture, les restes de chandelles qui avaient brûlé toute la nuit. Pressé de sermonner le petit désobéissant, il fit imprudemment demi-tour et tomba du haut du chemin de ronde, déchirant le silence matinal d'un hurlement bestial. On le retrouva raide mort dans un fossé quelques heures plus tard et nul ne pleura sa disparition.

La légende ajoute que nombreux furent cette année-là les événements heureux, en particulier dans l'enceinte du chastel, notamment le retour du chevalier, resté trop longtemps prisonnier à l'autre bout du royaume, dont chacun se réjouit abondamment.

C'est la raison pour laquelle les châtelains de La Morinière, chaque premier jour du joli mois de mai, allument une flèche de feu près du château, et qu'une dame s'approche en catimini pour leur déposer les clochettes du bonheur, rejouant la scène d'autrefois.

LE MOULIN
LE MAÇON TROP CURIEUX

Le château du Moulin fut construit à la fin du XVe siècle par l'architecte de la cour, Jacques de Persigny, pour Philippe du Moulin, ami de jeunesse du roi Charles VIII, dont la tradition veut qu'il lui sauva la vie, à la bataille de Fornoue, en juillet 1495.

Cette demeure seigneuriale, de briques ocre et noires, est dessinée d'après des plans de castel féodal. Ce choix répondait davantage à un souci de valorisation sociale qu'à une intention purement défensive.

Nul n'ignore la volonté du maître de maison de mettre à l'abri des convoitises quelques biens précieux auxquels il tenait particulièrement.

Afin de donner à son projet toutes les chances d'aboutir et de s'entourer des meilleures garanties, ce seigneur décida de faire appel aux services d'un maçon.

Le trésor serait ainsi muché dans un mur muet à jamais.

Un matin de belle heure, l'homme de l'art se présente aux portes du chastel, affublé d'une tunique rapiécée, d'épaisses chausses marron et d'une besace gonflée comme une outre, d'où pointent plusieurs outils rouillés.

Il s'adresse aux gardes : « Votre maître m'a fait mander pour reboucher un trou au niveau des fondations. J'ai là, ajoute-t-il en se retournant vers son apprenti, dans ce sac tout ce qui est nécessaire pour cette tâche.

— Tu peux passer. Avance jusqu'au logis, mais tout seul ! Ton jeune attendra ici.

— Pourquoi ne peut-il pas m'accompagner ? Il doit m'aider.

— Ne discute pas ! C'est comme ça. Mon patron veut te voir toi uniquement. »

Surpris, le brave homme néanmoins obéit et s'avance vers le donjon.

Philippe du Moulin, prévenu de son arrivée, l'accueille cordialement, en lui faisant un petit signe. Il lui explique promptement ce qu'il attend de lui, lui confiant l'extrême prudence dont ils doivent faire preuve pour éviter toute malveillance.

Il ajoute que, pour sa sécurité – l'ouvrier ne devrait pas risquer de vendre la mèche au cas où il aurait été éméché, un soir de ripaille, à la sortie d'une taverne – il serait contraint de lui bander les yeux.

Penaud, il ne reste au maçon qu'à s'exécuter et à tourner la tête pour qu'un serviteur lui obstrue la vue avec un tissu de bure.

Et voilà nos deux compères partis pour leur secrète expédition. Une bougie à la main, le propriétaire satisfait conduit lentement son acolyte, qui avance en sifflotant, le pic sur l'épaule, au long des couloirs, corridors et coursives.

Puis il lui enlève le bandeau dès qu'ils franchissent le seuil d'un réduit humide et sombre, où seuls les cafards, les araignées et les rats pourraient les déranger.

Du doigt, il lui désigne l'endroit où desceller la première pierre. Aussitôt le maçon se met à cogner pour éclater le mortier qui offre d'abord quelque résistance, avant de s'émietter sur le sol.

Enfin, à force de le bouger, de le secouer, de le tirer, le moellon, beau joueur, finit par quitter son lit et tombe aux pieds de nos cachottiers. Mais il n'est pas question de traîner car la besogne s'annonce longue et fastidieuse. Il faut maintenant attaquer un second morceau de roche…

Après un laps de deux heures, la démolition n'a guère progressé. Mais le gentilhomme éternue de plus en plus fréquemment et, pour ne pas s'enrhumer, décide de remonter.

Et le rituel de reprendre religieusement ses droits ! Turban et errements, tâtonnements, piétinements…

Afin de ne pas concéder le moindre indice à l'artisan, il le mène par passages et souterrains, lui faisant effectuer moult demi-tours et volte-face, manquant de l'étouffer, à force de retenir son souffle et ne pas tousser, pour ne laisser transpirer aucune information sur leur itinéraire.

Il repère sur les traits de son compagnon de traversée une concentration extraordinaire. Il devine que l'ouvrier est à l'affût de tous les bruits : l'écho de leur conversation qui varie selon la largeur des boyaux empruntés, la nature du sol, terre cuite ou battue, pierre ou bois, et il s'empresse d'écourter leurs échanges, d'éviter la résonance de leurs pas.

Il s'efforce alors de glisser ses souliers sur le sol d'un simple effleurement, car la structure du plafond, voûté ou à caissons, le revêtement des parois, lambrissées ou recouvertes de tapisseries, de tentures, tout est révélateur.

À la parfin, le seigneur du lieu, pour finir de l'induire en erreur et l'empêcher de compter le nombre de marches de chaque escalier emprunté, a pris soin de faire clouer préalablement des planches par-dessus, par un bûcheron de la contrée.

Au fil des travaux – une cache au fond d'une muraille d'un mètre d'épaisseur qu'il avait été obligatoire d'étayer –

et au gré de leurs pérégrinations, dans les coins et recoins les plus éloignés de la demeure, le fieffé filou flaire avec intérêt la bonne affaire.

Si le commanditaire est tellement minutieux, c'est que le jeu en vaut certainement la chandelle. Il a remarqué son regard soupçonneux, anxieux, haineux presque, chaque fois que celui-ci lui retire le carré de tissu.

Il en a régulièrement froid dans le dos.

Finalement ce qui devait arriver arriva. Un jour où la suspicion était trop forte, le propriétaire, très contrarié à la pensée de perdre son pécunieux pécule, n'y tenant plus, décida à la dérobée de se débarrasser de ce témoin devenu fort embarrassant. Et notre seigneur de trucider le gêneur d'un geste vengeur !

Ains la mauvaise conscience du meurtrier commença à le titiller. Philippe du Moulin était chaque jour assailli par des remords de plus en plus pesants. Pas une heure sans ressentir les affres du tourment. Désemparé, il passait des journées entières à errer sur ses terres.

Un soir, trop tourmenté, il prit la résolution d'aller rendre visite au pape dès le lendemain, pour solliciter son pardon.

Après ce crime odieux, il ne pouvait continuer à vivre comme si de rien n'était. Il devait expier son méfait et demander au successeur de Pierre de lui accorder son absolution. Pour faire acte de contrition, il était tout à fait prêt à se soumettre humblement à la volonté du souverain pontife.

Angoissé toutefois, le maître du château du Moulin attendait impatiemment la décision du chef de l'Église catholique. Soudain le verdict tomba : il expierait son péché en construisant sept chapelles. Ironie du sort. Comment trouver un maçon assez courageux pour se mettre au service du bourreau rentré de Rome… Qu'à cela ne tienne !

De retour sur son domaine, le châtelain, trop heureux de s'amender du sang qu'il avait sur les mains, se dépêcha de bâtir ces édifices. La besogne ne fut pas de tout repos.

Peu à peu, les habitants des alentours virent se dresser les sanctuaires rédempteurs. Deux d'entre eux furent élevés dans l'enceinte même du château.

Mais, pour le dernier oratoire, les choses se compliquèrent sensiblement. De quoi décourager les meilleures volontés !

Comment ne pas avoir envie d'abandonner ce projet alors que tout le travail, réalisé d'arrache-pied durant la journée, se voyait systématiquement détruit au cours de la nuit suivante.

Comme si le diable voulait s'en mêler et s'appliquait à rôder sur ce terrain, proche de la propriété, provoquant inlassablement la démolition de ces chapelles à la gloire de Dieu !

LE PLESSIS-BOURRÉ
UN ÉTRANGE PLAFOND ALCHIMIQUE

En 1468, lorsqu'il décide de se faire construire un château digne de ce nom, Jean Bourré, conseiller et confident du roi Louis XI, est un personnage puissant.

Entré au service du dauphin après de solides études de droit, il devient trésorier de France. L'homme est un infatigable bâtisseur ; il a mené à bien trois autres projets de châteaux, à Vaux, à Jarzé et à Langeais.

Sur la terre de Plessis-le-Vent, au septentrion d'Angers, entre Sarthe et Mayenne, dans le bourg d'Écuillé, cet élégant chastel, qui porte désormais le nom de Plessis-Bourré, dans son habit de tuffeau et d'ardoise, tout de contraste – murs perle éclatants et toit de jais scintillant –, repose au cœur de douves paresseuses.

Des douves ? Que dis-je, non il ne s'agit point là de fossés défensifs, remplis d'eau, mais bien plutôt d'un étang, voire un lac, tant le monument semble flotter au creux d'un bassin romantique, qu'un long pont de sept arches enjambe, empruntant aux cygnes, glissant silencieusement sur l'onde, leur grâce majestueuse.

Même si on pénètre dans cette demeure par un double pont-levis et une porte renforcée, si ses murailles, flanquées de tour aux angles, avouent une épaisseur exceptionnelle, si un châtelet fortifié protège l'entrée et surveille la plaine qu'il domine de ses quarante et quelques mètres, et surtout si la terrasse qui le ceinture autorisait le tir d'une artillerie de boulets rasants, elle n'en comporte pas moins déjà énormément d'éléments d'agrément – promenoir à arcades, corps de logis aéré de fenêtres à meneaux et de hautes lucarnes armoriées, salles de réception spacieuses –, généreusement ornementés, réalisés dans des matériaux de qualité, par des artisans fort habiles.

Mais la pièce la plus magistrale, la plus magnifique, la plus magique de cette résidence est la salle des gardes. Perchée au premier étage, elle est dotée d'un plafond peint, véritable chef-d'œuvre de l'art du XVe siècle.

Six grands caissons, séparés par des poutres, sont divisés en vingt-quatre tableaux décorés de sujets illustrés en grisaille sur fond bleu-vert, encadrés de filets rouges et de rinceaux cuivrés.

Si quelques-uns de ces tableautins représentent des figures allégoriques, telle la Fortune ou la Vérité, la plupart possèdent une valeur symbolique liée à l'alchimie et à l'astrologie.

On peut y observer le fameux et fabuleux Phénix renaissant de ses cendres, allusion à la pierre philosophale, la Sirène enceinte évoquant la concrétisation de l'impossible, comme la transmutation de l'étain en argent et celle du cuivre en or, ou bien encore le Chariot à voile, relevant de la mer et de la terre, image du dédoublement du Grand-Œuvre que l'on peut atteindre par deux voies différentes, l'eau et la terre...

On peut évoquer alors les fameuses boîtes – les silènes décrites par Rabelais dans son prologue à *Gargantua* – non dénuées d'un double sens :

« Silènes estoient jadis petites boites, telle que voyons de présent ès bouticques des apothecaires, pinctes au-dessus de figures joyeuses et frivoles, comme de harpies, satyres, oysons bridez, lièvres cornuz, canes bastées, boucqs volans, cerfz limonniers et aultres telles pinctures contrefaictes à plaisir pour exciter le monde à rire (quel fut Silène, maistre du bon Bacchus) ; mais au dedans l'on réservoit les fines drogues comme baulme, ambre gris, amomon, musc, zivette, piereries et aultres choses précieuses. »

Une richesse d'interprétation qui sied particulièrement à ces caissons aux thèmes iconographiques très en vue : licorne, phénix et âne lisant la messe.

La représentation de la dame à la licorne consacrait un équidé ayant répudié son image originelle d'animal au corps de cheval, prolongé par une queue de sanglier et à la tête de cerf, s'appuyant sur les pattes d'un éléphant. Elle ne montrait plus cette redoutable férocité de bête sauvage, au pied tranchant et à la corne coupante, qui effrayait les Grecs. Elle ressemblait dès lors à un cheval à la robe blanche, aux sabots fendus de caprin, portant une longue défense torsadée. Quelquefois une courte barbiche ornait son menton.

Même si on retrouvait sa trace dans les récits bibliques, où elle apparaissait détestable, malfaisante et violente, elle incarnait, à partir du XIIe siècle, le Christ et des vertus telles la pureté, la fidélité, la chasteté des sentiments.

L'Église chrétienne s'inspira de la légende antique selon laquelle la capture d'une licorne était possible, à la seule condition de l'attirer par la présence d'une jeune vierge qu'on menait près de sa demeure. Elle s'approchait alors sans méfiance pour s'endormir en paix sur ses genoux. C'était à cet instant que les chasseurs en profitaient pour lui décocher une flèche et l'occire, puis s'emparer de son interminable corne – telle un trophée –

qui, réduite en poudre, possédait des pouvoirs médicaux et aphrodisiaques et pouvait être utilisée comme antidote à certains poisons.

Quant au phénix, oiseau fabuleux et sacré, dont l'envergure était comparable à celle d'un aigle, il arborait un plumage pourpre.

Son mets favori se composait étrangement et joliment de larmes d'encens.

Il ne faisait son apparition en Égypte que tous les cinq cents ans, venant à tire-d'aile du fin fond de l'Arabie, selon Pline, ou d'Éthiopie où il était né, si l'on en croit Hérodote, Hésiode et Plutarque.

Il construisait ensuite un nid de brindilles, délicieusement parfumées avec de la myrrhe. Puis il s'immolait pour renaître, trois jours plus tard.

Un ver ou un œuf se formait alors de ses restes consumés. Se présentait donc un nouveau phénix, qui transportait les cendres de son père au temple d'Héliopolis, sur l'autel du Soleil, pour l'y ensevelir sous une couche de myrte.

La mythologie des bords du Nil lui octroyait deux attributs tout à fait singuliers et spécifiques, son caractère unique et sa faculté de ressusciter de ses os calcinés. D'où sa signification métaphorique, l'immortalité de l'âme, pour la tradition chrétienne. Car symbole de la Résurrection du Christ.

Un autre thème insolite met en exergue une ancienne coutume maishui oubliée, l'âne se rendant à la messe. Il existait à l'époque médiévale une fête de l'âne, une liturgie qui se déroulait dans les églises et les cathédrales de France ; après une entrée triomphale au sein du sanctuaire, le grison couvert d'une splendide chape d'or maintenue par un quatuor de chanoines, pour un rituel étonnant, qui le voit, tel un quatrième roi mage, tenir un évangéliaire et chanter à pleins poumons, les paroissiens lui répondant par des braiments fervents et respectueux en guise d'Amen.

Une autre de ces images met en scène une louve, Chicheface, qui ne tirait sa pitance que de la chair des femmes fidèles. Aussi apparaît-elle efflanquée – on lui compte les côtes –, décharnée, affamée. L'histoire précise qu'elle n'en avait pas trouvé une seule depuis deux cents ans ! C'est dire…

« Moi l'on appelle chicheface
Maigre de corps et de face… »

Mais, dans ce château, ce monstre put enfin assouvir sa faim car la légende raconte qu'il dévora la maîtresse des lieux, Marguerite de Feschal, très respectueuse épouse de Jean Bourré.

LA VILLAUMAIRE, COUDRAY, LA ROCHE-CLERMAUT, LA DEVINIÈRE DES CHÂTEAUX AU PAYS DE GARGANTUA

La Rabelaisie est un bien singulier pays où les frontières entre réel et imaginaire se floutent du voile léger et onirique de la légende.

Un pays de fantaisie, de foutaiserie, dessiné sur un parchemin maculé de taches de vin – gouttelettes séchées d'un pichet de Chinon renversé – et d'auréoles de graisse, miettes de rillettes ou d'andouillettes éparses.

Un pays où canaille rime avec ripaille et godaille, rire avec ire, satire et délire. Le cadre d'un cycle romanesque truculent, impertinent, insolent même, qui commence par les mésaventures d'un géant et a pour titre *Horribles et Épouvantables Faits et Prouesses du très renommé Pantagruel, roy des Dipsodes*, précédant les exploits de son père, narrés dans *Grandes et Inestimables Chroniques du grand et énorme géant Gargantua…*

Quelle histoire !

Sur les traces de nos héros hurluberlus, nous arrivons au château de La Villaumaire. L'endroit surprend et séduit par ses souterrains sombres et ses cabinets discrets, secrets même. Bâti au XVe siècle, il a conservé maishui encore sa cuisine médiévale.

On y prépare au feu de bois des fouaces, selon les recettes ancestrales, dans un vieux four sans âge. Les mêmes galettes de pain que celles qui furent à l'origine de bien des batailles !

Car Picrochole, roi de Lerné, querelleur, ayant refusé de vendre ces spécialités aux bergers, provoqua une guerre féroce avec Grandgousier, souverain de Seuilly et père de Gargantua.

Le lecteur enquêteur, quand il atteint enfin le castel de Coudray, se trouve sur le lieu exact où les six pèlerins que Gargantua avait manqué manger, mélangés dans sa salade, trouvèrent refuge.

S'il poursuit ensuite sa visite jusqu'au chastel de La Roche-Clermaut, il constatera qu'il se joue là-bas une drôle de mélodie en son sous-sol, car il garde en ses entrailles un réseau mystérieux de caves et de couloirs, le plus important, murmure-t-on, du Chinonais.

Une chambre ou une chapelle, l'énigme persiste, ains qui renfermerait des dessins, gravés ou sculptés dans le tuffeau, accompagnés de signes ésotériques, crayonnés au charbon…

Quant à La Devinière, propriété d'Antoine Rabelais, avocat et père de l'écrivain, qualifiée souvent de ferme, parfois de maison de vigne, rarement de manoir – où la légende situe la naissance de ce prêtre, médecin, philosophe, en 1483, et auquel on doit cette œuvre magnifique qui connut de son temps un vif succès dans toute l'Europe –, La Devinière donc apparaît en littérature comme château de Grandgousier, assiégé par les hordes picrocholines, et sauvé par l'intervention du géant Gargantua. Décidément il est partout celui-là !

Icelui les noya en grande part dans les urines monstrueuses de sa jument…

Quels singuliers châteaux parsèment l'itinéraire monumental et mouvementé de nos combattants !

PREUILLY-SUR-CLAISE
LE DRÔLE DE MIRACLE DE SAINT MÉLAINE

Mélaine fut l'auteur de maints faits merveilleux. Il accomplissait ses prodiges auprès des malades et des infirmes au moyen d'huile bénite : il guérit des boiteux, délivra des possédés, rendit la parole à des muets et même ressuscita des trépassés.

On répète que, lors de la translation de sa dépouille vers Rennes pour l'y enterrer, effectuée par bateau sur la Vilaine, le parcours fut jalonné de faits surnaturels.

L'un d'entre eux est resté gravé dans toutes les mémoires. Il libéra des voleurs détenus dans une tour du joug de leurs gardiens. Leurs chaînes se brisèrent et une énorme brèche s'ouvrit dans la muraille, qui leur permit de prendre la poudre d'escampette.

Ce personnage historique, désigné par saint Amand comme son successeur sur la cathèdre de l'évêché rennais, dont la présence au concile d'Orléans en 511 est attestée, a fréquenté trois ans durant la cour du roi Hoël, en Bretagne.

Il a succédé à un autre saint, Remi, en tant que conseiller personnel de Clovis, qui souhaitait asseoir son pouvoir sur moult cités de l'Ouest, puis de Clotaire.

Il est de belle notoriété que les Bretons manifestaient un incommensurable respect aux figures tutélaires de l'Église et donc veillaient valeureusement à la vénération de leurs reliques.

Ainsi, la dépouille de saint Mélaine, afin d'éviter de tomber entre les mains de ces chiens de Normands, fut-elle, avec un trésor de précautions, transférée de Rennes à Bourges en l'an 851, selon le récit du sieur de La Ripraye, gentilhomme angevin, qui fit œuvre de recueillir les éléments de sa biographie.

La paix semblant solidement rétablie, en ces contrées naguère fort agitées, et le danger paraissant définitivement écarté, il fut décidé de rapatrier les restes du renommé heureux élu.

Un beau matin, une poignée d'hommes réunirent leur monture et se mirent en route, bien résolus à remplir leur mission, et ce dans les meilleurs délais.

Mais quelque temps après les faits, les guerres reprirent de plus belle, contraignant notre petite troupe, sur le chemin du retour, à déposer provisoirement le précieux convoi à l'abri des murailles du château de Preuilly.

C'est là que fut entreprise sur-le-champ la construction d'une superbe église, en l'honneur du vénérable Mélaine.

Les pèlerins affluaient en grand nombre pour invoquer le thaumaturge et lui rendre grâce.

L'édifice sacré et consacré connaîtra moult dégradations, dévastations et démolitions successives. Déjà au XVIe siècle, il avait dû subir la hargne de protestants déterminés qui, en 1562, soutenus par la baronne de Preuilly, Claude du Puy, calviniste réputée exaltée, révoltée, tentèrent de compromettre la solidité du sanctuaire en faisant rogner sa base.

L'affluence des fidèles fut telle que le seigneur des lieux craignit que les ennemis du souverain saisissent l'occasion de la procession pour prendre possession de la forteresse. Ledit baron décida donc, d'un commun accord avec l'archevêque de Tours, que la fête du patron de la paroisse se déroulerait dorénavant dans le prieuré voisin.

Dans la campagne environnante, les anciens racontent une bien étrange histoire à leurs petits-enfants captivés. Ils leur parlent d'une manifestation surnaturelle… qui s'explique pourtant scientifiquement ! D'ailleurs, des savants étaient venus sur place pour étudier le drôle de phénomène.

Certains bigots avaient cru voir des gouttes de sang de saint Mélaine sur les marches de l'autel. On était là en présence d'un miracle, disaient-ils, ce qui déclencha une vive émotion dans la région.

Le clergé et quelques témoins dubitatifs demandèrent à un expert de vérifier la véracité du phénomène. Ses conclusions causèrent un cruel désenchantement : le liquide rougeâtre qui suintait n'était en réalité que de l'eau qui, en s'infiltrant par les voûtes, s'était imprégnée des pigments utilisés par le passé pour peindre l'intrados. La déception était à la mesure de l'espérance…

LES HAYES-GASSELIN
LE LOUP-GAROU

Au cœur des Mauges, dans la petite localité d'Andrezé, s'élèvent maishui encore les ruines du château des Hayes-Gasselin.

Depuis le XIVe siècle, sa silhouette se dresse fièrement sur sa motte, peu ou prou romantique, ceinturée par les eaux miroitantes de ses douves et de son étang.

L'entrée du castel fut ensuite modifiée, deux cents ans plus tard, par la construction d'une tour-porche. Mais la bâtisse se trouva outrageusement endommagée en 1794, lors des guerres de Vendée, par les troupes royalistes.

C'est là que demeuraient autrefois les seigneurs de céans, tristes héros involontaires d'une sinistre mésaventure arrivée, une vesprée de l'automne 1748, à un dénommé Pierre Chupin alors qu'il regagnait son logis, à la nuit tombée.

Le brave paysan s'était rendu auprès de ses maîtres, pour leur régler le prix de son fermage, le jour de la Saint-Martin.

L'homme, honnête et travailleur, était apprécié de ces aristocrates qui aimaient à discuter avec lui. La conversation était variée et animée, d'autant plus que Philippe de Blanot, fils unique de la famille, qui habitait à Paris où il étudiait le droit à l'université, séjournait chez ses parents et appréciait la repartie de cet interlocuteur.

Ils parlèrent longuement, vidant moult chopines de bière. Les esprits étaient quelque peu échauffés mais la courtoisie était de mise. Le paysan respectait cet étudiant qui venait d'achever brillamment ses études et mettait à profit son passage à Andrezé pour se reposer.

En revanche, les villageois ne portaient pas dans leur cœur ce garçon qu'ils considéraient comme prétentieux et qui ne se cachait pas pour railler leur naïveté et leur témoigner son mépris, sitôt que l'occasion s'en présentait.

Lorsque Pierre, jetant un coup d'œil par la croisée, avait aperçu le ciel s'assombrir, il s'était empressé de prendre congé de ses hôtes, sachant qu'il devait encore passer par l'échoppe du forgeron afin de récupérer un hachereau qu'il avait confié à l'artisan, un certain Auvrignon, pour l'aiguiser.

Le fermier emprunta la route du retour vers son foyer, La Joussalmière, à une heure particulièrement avancée, mais satisfait d'avoir récupéré sa petite hache, à la lame parfaitement acérée. Il se hâtait toutefois, craignant une mauvaise rencontre.

En ce temps-là, on parlait beaucoup des risques encourus à circuler tardivement, par les chemins devenus peu sûrs, à cause des brigands enragés et des bêtes affamées qui erraient, et de ces mélancoliques qui, dans leur délire, ne rêvaient que de se déguiser, de se changer, de se transformer en ysengrin.

L'obscurité avait recouvert toute la contrée d'un voile noirâtre et un épais brouillard gommait toutes les formes. L'on ne distinguait absolument plus rien à trois lieues à la ronde.

Soudain, Pierre sentit derrière lui une sorte de présence, proche, prégnante, qui lui emboîtait le pas, un genre de danger…

D'un mouvement machinal, il serra l'arme qu'il portait sous sa vareuse et accéléra l'allure. Mais il ne parvenait pas à se débarrasser de cette désagréable impression d'être suivi comme son ombre. Il avait beau se dépêcher – il courait presque –, il percevait un bruit très discret à peine audible et qui se rapprochait au fil des foulées.

Terrorisé, n'y tenant plus, au carrefour des Noues, il résolut de se retourner pour affronter son poursuivant.

Il resta saisi d'effroi, pétrifié. Les pupilles étincelantes, la lippe baveuse, les poils hérissés, le monstre était effrayant. Le fermier savait qu'il ne pouvait plus s'enfuir, il ne lui restait qu'une chance d'échapper à la brutalité de ce loup furieux, c'était de l'attaquer et de le mettre hors d'état de nuire.

Il prit donc son élan et se jeta, hachette à la main, sur le gigantesque animal qui lui montrait les dents et poussait des grognements féroces, lui assénant un coup magistral sur la gueule et l'assommant sur-le-champ. L'ignoble créature s'effondra, la gueule sanguinolente, dans un hurlement lugubre.

Le laboureur, s'efforçant de dominer sa peur, s'approcha… et découvrit, dissimulé sous une peau fourrée, Philippe !

Tremblant, Pierre se pencha par-dessus le corps inanimé pour entendre le nobliau murmurer : « Malheureux, c'est ton maître que tu viens de supprimer… », avant de laisser sa tête retomber lourdement sur le sol.

Il n'en croyait pas ses yeux. Celui qui gisait à terre, agonisant, était bel et bien celui qui avait passé l'après-midi à deviser aimablement avec lui.

Affolé, Chupin gagna une habitation pour demander du secours. Les voisins se précipitèrent sur le lieu du drame et décidèrent de transporter la victime jusque chez eux.

On fit mander l'abbé Leduc, lequel s'enferma dans la chambre avec le moribond. Il recueillit ainsi ses dernières paroles.

Pendant ce temps, Pierre tentait de se remettre de ses émotions. Une vieille femme venait de lui servir un petit verre d'eau-de-vie afin de le réconforter. Il songeait à cette étrange lubie qui régnait depuis quelque temps dans la région et que les savants désignaient d'un nom barbare, la lycanthropie, une manière de maladie qui menait à se métamorphoser en loup.

Les déséquilibrés, atteints de cette insolite affection, affligés de comportements bestiaux, fuyaient la compagnie des humains et couraient champs et forêts, à quatre pattes, les nuits de pleine lune, en émettant des cris de chat-huant.

Ils agressaient les passants qui s'attardaient le soir chez des amis ou se rendaient dans les bourgs des alentours, les outrageaient sauvagement et parfois les dévoraient entièrement !

Enfin, le prêtre sortit de la pièce où reposait Philippe. Interrogé par le laboureur, encore traumatisé par la gravité de son geste, le brave curé ne dit mot sur les propos échangés avec le mourant.

Il informa l'assemblée que le blessé venait d'expirer, refusant cependant de révéler s'il avait confié son âme à Dieu.

Quelques heures après sa mort, quand les paysans se rendirent auprès du lit du défunt – ô surprise ! – le cadavre avait disparu.

On le chercha en vain jusqu'au lendemain. On visita les baraques, les poulaillers, les écuries. On fouilla les fourrés, les fossés. On explora les halliers, les sentiers.

Chacun se mit à jaser, à fantasier, à calomnier. On désigna un coupable probable : le diable ! On supposa évidemment que le démon était venu clandestinement récupérer la dépouille, sur la pointe de ses pieds fourchus !

Une croix de pierre, élevée une décennie après le drame par Pierre Chupin, sur le théâtre de ce fatal événement, commémore son remords, encore aujourd'hui, à propos de cette tragique méprise.

TRÈVES
UNE APPELLATION BIEN MÉRITÉE

Trèves, au début du XIe siècle, se situe à la limite des domaines appartenant, du côté du levant, aux comtes de Blois, et aux comtes d'Anjou, vers le ponant.

En ces temps troublés, l'endroit fait partie des terres dépendant du château de Saumur, dont le maître, appelé Guelduin, est un vassal du comte de Blois.

La chronique locale mentionne que le terrible et redouté comte d'Anjou, Foulques Nerra – dont nul n'ignore la réputation désastreuse –, avant 1026, s'empara par la force et la ruse réunies de la place de Trèves. Il souhaita alors y faire élever une forteresse qu'il confia successivement à Herbert le Rasoir, seigneur de Sablé, puis à Thibaud le Boutelier.

Le pourpris paraît irrémédiablement placé sous le signe de l'épopée. La vie semble plutôt mouvementée dans cette région pourtant douce... Des luttes de pouvoir mémorables divisent la contrée. C'est à qui jouera le plus habilement de son influence et de ses alliances... afin de conserver ou de remporter ses conquêtes !

Vers 1060, c'est Geoffroy le Fort – époux de Tichildis et beau-frère de Hilduin Ier de Maillé – qui occupe Trèves.

Son fils Hardouin entretient des liens avec les comtes de Blois et soutient lui aussi Geoffroy le Barbu – que son père tient pour le nouveau comte d'Anjou – durant la guerre sans merci qui l'oppose à Foulques le Réchin. Ce dernier prend d'assaut le château, le 19 juin 1068, et le détruit, assisté par un parent d'Hardouin, Aimeri. Le malheureux Hardouin, vaincu, aveuglé, veut se faire moine et enfile la robe de bure.

Son frère Guillaume se voit hélas ! privé de son héritage.

À peine dix jours plus tard, profitant de la situation quelque peu troublée, le comte de Poitou, Guy-Geoffroy, attaque et incendie Saumur.

Quant à Aimeri, il convole avec Tichildis de Maillé et devient seigneur de Trèves, dont le château sera relevé, avant la fin du siècle, par la main de celui qui l'avait anéanti sans le moindre scrupule.

Un de ses parents, en 1091, lui succédera, Geoffroy Fouchard, sénéchal du comte d'Anjou, qui à la parfin, embrassera à son tour l'habit monacal, à Saint-Florent.

Son fils, qui porte le même nom de baptême, fondera le bourg et le dotera de ses deux prieurés.

Le castel, une nouvelle fois assiégé en 1206 par Jean sans Terre, roi d'Angleterre, lui offrira une résistance héroïque, jusqu'à l'arrivée en renfort des troupes de l'armée de Philippe Auguste, souverain du trône du lys. La bâtisse aux murs crénelés, qui se dresse fièrement à une cinquantaine de mètres de hauteur, et que l'on aperçoit de loin lorsqu'on se dirige vers le village, est le donjon du castel, reconstruit au milieu du XVe siècle, par Robert Lemaçon, seigneur des lieux et chancelier du roi de France, Charles VII.

Sa silhouette singulière découle de l'accolement de deux tours, l'une ronde et l'autre carrée. Le résultat est insolite. À cette époque, la localité était particulièrement prospère car le péage prélevé pour la navigation sur la Loire devait incontestablement représenter une source de revenus très appréciable.

Aujourd'hui, la bourgade profite d'un repos bien mérité. La légende rapporte qu'elle doit son étrange appellation à une trêve conclue entre le foudroyant Foulques Nerra et son ennemi Eudes II de Blois.

CHÂTILLON-SUR-LOIRE
LA VENGEANCE DE SIMON DE MONTFORT

Edmond de Montfort, seigneur de Château Gordon, possédait une petite forteresse – ou vraisemblablement plus modestement un enclos castral – sur la colline de Châtillon.

Ce site privilégié – parce que position défensive remarquable –, un éperon rocheux enserré entre deux rivières qui se jetaient un peu plus loin dans la Loire, offrait la protection efficace d'un rempart naturel contre d'éventuels ennemis, contraints d'avancer à découvert, et aussitôt repérés et contrecarrés dans leurs intentions belliqueuses.

Au pied de cette colline, à l'emplacement du hameau actuel de Nancray, s'était installée une petite communauté de moines qui souhaitaient mettre à profit l'exposition ensoleillée du coteau pour se vouer à la culture de la vigne.

Un jour, le neveu d'Edmond de Montfort, qui connaissait ces religieux et leur rendait parfois visite, se prit de querelle avec l'un d'entre eux, pour un motif peu ou prou futile.

Dès lors, l'homme se sentit humilié et n'eut plus qu'une préoccupation : laver cet affront insupportable. Il ne pouvait décidément supporter la vexation. Son cœur débordait de fiel, de rancœur, de haine.

Il passait désormais le plus clair de son temps à ruminer, à ronchonner, à rouspéter. À longueur de soirée, il était en train d'échafauder des plans diaboliques afin d'assouvir sa vengeance.

Notre fripouille se réjouissait de faire payer cher son insolence au frère qui avait osé lui tenir tête. Celui-ci devrait expier sa faute ; c'est tout ce qu'il méritait.

Le vilain nobliau ricanait à l'idée de lui infliger ce châtiment et passait des heures interminables à fomenter son mauvais coup.

Enfin, à force de réflexions, de méditations et de tergiversations, la solution idoine trouva. Il mettrait le feu au cellier monastique et à la chapelle voisine.

Le gredin s'exécuta sans attendre plus longtemps. Il se rendit avec un luxe de précautions sur les lieux du délit et, après avoir jeté un coup d'œil alentour, il alluma une mèche, la posa sur des fétus de paille qu'il glissa dans un chiffon trempé de graisse, et lança le tout sur la bâtisse à détruire.

De gigantesques flammes ne tardèrent pas à venir lécher les constructions visées. Et l'on vit bientôt, à plusieurs lieues à la ronde, s'élever du monastère un épais panache de fumée grise.

Les villageois affolés se précipitèrent vers le brasier pour tenter d'éteindre l'incendie, pendant que les femmes et les enfants, terrorisés, priaient Notre-Dame de leur accorder son secours et récitaient leur chapelet.

Ces paysans courageux couraient en tous sens vers les puits, les fontaines et les abreuvoirs les plus proches afin d'y remplir leurs seaux, et s'épuisaient en cris, en appels et consignes divers, manifestant une générosité et une solidarité sans faille.

Heureusement, leur aide dispersée ains efficace permit de sauver une grande partie des bâtiments du couvent…

Aussi furent-ils vivement remerciés, par le supérieur, d'avoir prêté leur concours pour circonscrire le foyer qui avait failli s'étendre au reste de l'édifice.

Dès le lendemain, les braves serviteurs de Dieu, navrés de ce sinistre et de la perte de leur oratoire, se remirent à la tâche et reconstruisirent avec entrain, pierre par pierre, poutre par poutre, tuile par tuile, les murs et toitures effondrés.

Quelque temps après, des chasseurs, qui poursuivaient un gibier à travers les marécages et prairies des environs, ayant manqué leur tir, partirent à la recherche de leurs flèches parmi broussailles, taillis et roseaux.

Quitte à revenir bredouilles, du moins désiraient-ils ne pas abandonner leurs armes.

Alors qu'ils sont appliqués à fouiller chaque touffe, chaque ronce, chaque fourré, ne voilà-t-il pas qu'ils tombent – ô surprise ! – sur une jarre à moitié enfoncée dans la terre.

Bien que l'amphore soit veuve de son contenu, ils constatent sans coup férir que leur découverte présente un caractère insolite. Un tel vase en pleine nature... Quelle trouvaille incongrue !

Les moines, auxquels ils rapportent le récipient vide, reconnaissent sur-le-champ l'énorme cruche remplie à ras bord d'huile qu'ils ont prêtée au triste sire qui s'est fâché contre l'un d'eux.

Ils comprennent aussitôt ce qui s'est passé. Ils se mettent en quête du mécréant qu'ils contraignent à avouer son méfait avant de le reconduire à Sancerre, auprès de son oncle, pour que justice soit faite.

Le bougre est condamné à finir au bout d'une corde.

Il aura cependant la vie sauve de justesse, grâce à Edmond de Montfort, qui proposera, en échange de cette suprême faveur, la donation de ses domaines de Châtillon au moustier et le serment d'embrasser lui-même la carrière monacale.

Une promesse tenue qui racheta la mauvaise conduite d'un bien vilain coquin !

SAINT-PATRICE
L'ÉPINE MIRACULEUSE

Le petit village tourangeau de Saint-Patrice, situé non loin de Langeais, qui compte un peu plus de six cents âmes, s'étend paisiblement près du fleuve ligérien qu'il coudoie longuement. Il s'est développé au fil du temps, le long de ses levées et sur les montilles environnantes.

On cultive en cette bourgade, bien qu'entourée de belles forêts, la vigne et moult plantes maraîchères, ainsi qu'un art de vivre tout à fait digne de cette riante vallée.

Les récits de voyages de la fin du XIXe siècle mentionnaient dans ces parages une demeure qu'ils dénommaient château moderne de Saint-Patrice et dont le propriétaire était le M. le comte de Chabrol.

Plus que le manoir, ils s'appliquaient à décrire son parc, lequel possédait une épine dite miraculeuse.

En effet, la plante commençait à fleurir – chose extraordinaire ! – durant le mois de décembre où il règne habituellement un froid de gueux et où il gèle à pierre fendre, même dans le jardin de la France.

On certifie que le végétal poursuivait vaille que vaille sa floraison hivernale, et ce malgré l'épais manteau de neige qui accrochait aux branches transies des gants floconneux immaculés.

La bonne foi populaire prête les origines de ce phénomène botanique à saint Patrice, qui serait venu autrefois en ce lieu, après avoir traversé la Loire, et y aurait planté son bâton.

Icelui prend aussitôt racine, se métamorphose en un buisson épais, puis se couvre d'une multitude de petites corolles généreusement épanouies.

Depuis cette époque pourtant fort éloignée, le souvenir de cet événement mémorable est resté gravé dans les mémoires.

L'arbrisseau, qui s'évertue chaque année, avec une application peu commune, à repousser et à se couvrir de mille et une fleurettes, rappelle inlassablement, et de bien jolie manière, aux habitants de toute la contrée, le passage en ce pourpris du patron de l'Irlande.

On racontait que les voyageurs en provenance de ce pays, qui visitaient la Touraine, ne manquaient pas d'effectuer un détour pour venir se recueillir, en un pieux pèlerinage, devant ces fragiles fleurs qui, si fidèlement, témoignaient de la présence passée de leur apôtre, depuis le Ve siècle, période féconde au cours de laquelle il vécut en état de sainteté.

Les amateurs de bons crus se rendent, de nos jours, dans les caves souvent troglodytiques des coteaux à l'entour, pour déguster une dive bouteille de Bourgueil, fruit d'une appellation particulièrement renommée, au cours d'une pérégrination quelque peu plus prosaïque...

TABLE

Composé par Nord Compo Multimédia
7, rue de Fives, 59650 Villeneuve-d'Ascq

Achevé d'imprimer
dans les ateliers de Normandie Roto Impression s.a.s.
à Lonrai (Orne)
N° d'éditeur : 7742.02.01.02.17
N° d'impression : 1700887
Dépôt légal : mars 2015
ISBN : 978-2-7373-6638-3

Imprimé en France